Adivasi-Koordination in Deutschland e.V. (Hg.)

Verraten und verkauft in Rourkela

Die Adivasi-Koordination in Deutschland besteht seit 1993 und hat sich im Jahr 2000 als Verein gegründet. In ihr arbeiten diverse Organisationen, Initiativen und engagierte Einzelpersonen zusammen, die in Verbindung mit den Ureinwohnern (Adivasi) in verschiedenen Regionen Indiens stehen. Sie unterstützt den Kampf der Adivasi um die Anerkennung und Achtung ihrer Menschenwürde und um ihre Gleichberechtigung, aber auch um die Bewahrung und selbstbestimmte Weiterentwicklung ihrer verschiedenen Kulturen. Im Rahmen dieser Zielsetzung sucht die Adivasi-Koordination Austausch und Zusammenarbeit mit Selbstorganisationen der Adivasi und Unterstützern, mit Gruppen und Institutionen in Indien, mit nationalen und internationalen Organisationen, mit staatlichen und überstaatlichen Einrichtungen, die sich in gleicher Weise den Rechten der indigenen Völker und deren selbstbestimmter Weiterentwicklung verpflichtet fühlen.
Weitere Informationen: www.adivasi-koordination.de

Verraten und verkauft in Rourkela

Zeitzeugen berichten von der Enteignung
durch das deutsch-indische Stahlwerksprojekt Rourkela

Eine Studie von Martina Claus und Sebastian Hartig

Herausgegeben
von der
Adivasi-Koordination in Deutschland e.V.

Draupadi Verlag
2011

Verraten und verkauft in Rourkela – Zeitzeugen berichten von der
Enteignung durch das deutsch-indische Stahlwerksprojekt Rourkela

Eine Studie von Martina Claus und Sebastian Hartig
Herausgegeben von der Adivasi-Koordination in Deutschland e.V.

Heidelberg: Draupadi Verlag, 2011

ISBN 978-3-937603-59-9

Draupadi Verlag
Dossenheimer Landstr. 103
69121 Heidelberg
info@draupadi-verlag.de
www.draupadi-verlag.de

Umschlaggestaltung: Reinhard Sick
(Foto: Johannes Laping, aufgenommen im März 2008,
im sehr entlegenen Umsiedlungsort Gahami, vgl. Seite 114)

Die Recherchen zu diesem Buch und seine Veröffentlichung wurden
möglich durch die finanzielle Unterstützung von MISEREOR, Aachen.

Inhaltsverzeichnis

Abkürzungen und sonstige Erläuterungen	6
VORWORT	7
ÜBERBLICK	
0. Einige Vorbemerkungen	9
1. Die Informationspolitik der offiziellen Stellen und der Widerstand der Betroffenen	11
2. Die Vertreibung der Adivasi	13
3. Die Lebensbedingungen in den Umsiedlungskolonien	14
3.1. Land, landwirtschaftliche Nutzung und Ernährungssituation	15
3.2. Infrastruktur	17
3.3. Soziokulturelle Auswirkungen	18
4. Die Wiedergutmachung: Versprechungen und deren Umsetzung	20
4.1. Land für Land	20
4.2. Haus für Haus	22
4.3. Arbeitsplätze	22
4.4. Monetäre Wiedergutmachung	24
4.5. Infrastruktur-Aufbau	25
4.6. Vorenthaltene Entwicklungsmaßnahmen bis heute	25
5. Forderungen der Betroffenen	27
5.1. Forderungen an die indischen Verantwortlichen	28
5.2. Erwartungen an die deutsche Seite	34
6. Resumé	38
IM WORTLAUT	
Vorbemerkungen	42
I. Habil Lomga, 4. Februar 2009	45
II. John Purty, 3. Februar 2009	51
III. Sylvester Lakra, 31. Januar 2009	58
IV. Joseph Toppo, 28. Februar 2009	61
V. Lucia Tirkey, 26. Februar 2009	64
VI. R.C. Sahoo, 28. Februar 2009	66
VII. Samuel Ekka, 4. Februar 2009	77
VIII. Mary Purty, 31. Januar 2009	79
IX. Pankaj Kujur, 30. Januar 2009	85
X. Joachim Sahoo, 9. Februar 2009	90
XI. Raphael Soreng, 30. Januar 2009	100
XII. Nityananda Naik, 9. März 2009	104
SCHLUSSWORT	110
FOTOS	113

Abkürzungen und sonstige Erläuterungen

acre	Anglo-indisches Flächenmaß, 1 acre = 0,4071 Hektar
Adivasi	Wörtlich „Ureinwohner"; Selbstbezeichnung der Stammesangehörigen
ADM	Additional District Magistrate; hoher Distriktbeamter mit Sonderaufgaben
BAIF	Bharatiya Agro Industries Foundation; große indische Nichtregierungsorganisation
crore	Indisches Zahlwort für 10.000.000
Dalit	Wörtlich „Zerbrochen"; Selbstbezeichnung der Kastenlosen
decimal	Anglo-indisches Flächenmaß, 1 decimal = 40,47 Quadratmeter
HSL	Hindustan Steel Limited; Dachgesellschaft der staatlichen Hütten- und Stahlwerke in Indien, später umbenannt in SAIL (siehe unten)
ITI	Industrial Training Institute; eine Art Fachschule für Handwerk und Technik
KfW	Kreditanstalt für Wiederaufbau; die staatliche deutsche Institution für die finanzielle Zusammenarbeit mit Entwicklungsländern
lakh	Indisches Zahlwort für 100.000
LDA	Local Displaced Association; eine Selbstorganisation der Zwangsumgesiedelten von Rourkela und Umgebung
Panchayat	Wörtlich „Fünferrat"; dörfliches Selbstverwaltungsgremium; Dorfrat.
PDP	Peripheral Development Programme; von Rourkela Steel Plant initiiertes „Umlandentwicklungsprogramm"
RDA	Rourkela Development Authority
RDC	Revenue Divisional Commissioner; höchster Beamter der Steuerbehörde
RKL	Rourkela
RSP	Rourkela Steel Plant
Rupie	Indische Währung (Wechselkurs vor 50 Jahren: 100 Rupien = ca. 88 DM; Wechselkurs 2010 im Durchschnitt: 100 Rupien = ca. 1,64 EURO)
SAIL	Steel Authority of India Limited; Dachgesellschaft der staatlichen Hütten- und Stahlwerke in Indien
SC/ST	Scheduled Caste(s)/Scheduled Tribe(s); administrative Bezeichnung der Dalit- und Adivasi-Bevölkerung, welche unter den besonderen Schutz der indischen Verfassung gestellt sind

Vorwort

Um die wirtschaftliche und industrielle Entwicklung Indiens nach Erlangung der Unabhängigkeit 1947 voranzutreiben, setzte die damalige Regierung unter dem ersten Premierminister Jawaharlal Nehru auf Großprojekte wie Stahlwerke, Staudämme und Kohlekraftwerke – die sogenannten „Tempel der Moderne". Im Zuge dieser Politik wurde in den 1950er Jahren die Region um Rourkela (ausgesprochen: Raurkela) aus technisch-logistischen Gründen als Standort für ein Hüttenwerk ausgewählt, dessen Bau in technischer Kooperation mit westdeutschen Unternehmen und mit finanzieller Hilfe der damaligen Bundesregierung verwirklicht wurde. Zudem wurde, um die ausreichende Wasserversorgung des Stahlwerkes sowie der damit einhergehenden Industriestadt sicherzustellen, der Mandira-Staudamm errichtet.

Beide Projekte zusammen hatten die Zwangsumsiedlung von insgesamt 63 Dörfern mit schätzungsweise 22.000 Bewohnern zur Folge, welche hauptsächlich der indigenen Bevölkerung Indiens („Adivasi") angehörten. Die technische und finanzielle Unterstützung aus Deutschland spielte auch bei der Modernisierung der Werksanlage in den 1990er Jahren und bei den noch später eingeleiteten Maßnahmen einer sogenannten Umlandentwicklung eine wichtige Rolle.

Die bisher vorhandene Literatur zum Thema Rourkela ist hauptsächlich technischer Art. Es gibt jedoch auch einige wenige Untersuchungen und Arbeiten, die einen Blick auf die sozialen und kulturellen Auswirkungen des Projekts werfen. Hierbei sind vor allem die Untersuchungen von Jan Bodo Sperling, der von 1958-1962 als Leiter des „German Social Centre" und des deutschen Klubs in Rourkela tätig war, zu nennen. 1997 erstellte ein Team um Michael von Hauff, Volkswirtschaftsprofessor an der TU Kaiserslautern, im Auftrag der bundesdeutschen Kreditanstalt für Wiederaufbau (KfW) ein Gutachten. Auf indischer Seite wurden Studien u.a. vom National Institute of Social Work and Social Science (NISWASS) in Bhubaneswar (1996) und von dem in Rourkela lebenden katholischen Priester und Menschenrechtsaktivisten Celestine Xaxa (2002) durchgeführt.

Seit mehreren Jahren beschäftigt sich auch die Adivasi-Koordination in Deutschland e.V. (AKD) – vorrangig aus der Perspektive der betroffenen Adivasi-Bevölkerung – mit den wirtschaftlichen, sozialen und kulturellen Auswirkungen des Projekts. Das Ergebnis sind bisher meh-

Vorwort

rere Kurzinformationen des Vereins, eine Buch-Veröffentlichung[1] sowie zwei Fachtagungen in Deutschland (in Königswinter 2006 und in Berlin 2009), zudem drei englischsprachige Publikationen[2] und eine gemeinsame Konferenz in Indien (in Rourkela 2010) zur gegenwärtigen Situation der Betroffenen.

Um die heutigen Lebensbedingungen, die Erfahrungen und Einschätzungen, die Erwartungen und Wünsche der Menschen in den sogenannten Umsiedlungskolonien zu dokumentieren, führten die Autoren im Namen der AKD von Januar bis März 2009 eine zweimonatige Feldstudie durch. Mit der vorliegenden Veröffentlichung der auf empirischer Sozialforschung basierenden Ergebnisse dieser Studie soll den Opfern von Zwangsumsiedlung und Vertreibung[3], die mehr als 50 Jahre lang im Schatten des glanzvollen indisch-deutschen Projekts „Rourkela Steel Plant (RSP)" geblieben sind, endlich Gehör verschafft werden.

Die Tatsache der versprochenen, aber zu erheblichen Teilen bis heute nicht erfüllten Wiedergutmachung fordert schließlich auch dazu heraus, über Aspekte der Mitverantwortung auch auf der deutschen Seite nachzudenken und die notwendigen Maßnahmen endlich in die Wege zu leiten...

---

[1] Adivasi-Rundbriefe Nr. 25, 26, 28, 30; Buch: Rourkela und die Folgen. 50 Jahre industrieller Aufbau und soziale Verantwortung in der deutsch-indischen Zusammenarbeit, Draupadi Verlag, Heidelberg 2007.

[2] Adivasis of Rourkela - Looking back on 50 Years of Indo-German Economic Cooperation. Documents - Interpretations - International Law (*sarini* Occasional Papers, No. 4), 184 p., Bhubaneswar 2006.
Rourkela and after - 50 years of industrial development and social responsibility in Indo-German Cooperation. Papers presented in a conference at Königswinter (near Bonn), Germany, 22-24 September, 2006 (*sarini* Occasional Papers, No. 5), 44 p., Bhubaneswar 2007.
50 Years and More - Struggle for Justice at Rourkela. Proceedings of the Convention of Displaced Persons "Livelihood or Survival" at Nav Jagriti, Kalunga (near Rourkela) on 6th and 7th March, 2010. (*sarini* Occasional Papers, No. 7), 48 + 9 p., Bhubaneswar 2010.
Diese Dokumente und weitere Texte in deutscher und in englischer Sprache sind verfügbar auf www.adivasi-koordination.de

[3] Für das englische Wort „displacement" wird hier neben „Zwangsumsiedlung" ebenfalls der Begriff „Vertreibung" verwendet. Im Allgemeinen wird dieser Ausdruck mit der Vertreibung von Deutschen nach 1945 aus ihren angestammten Siedlungsgebieten in den heutigen osteuropäischen Ländern assoziiert. Der Prozess der Zwangsumsiedlung von Rourkela erfüllt unseres Erachtens die Definition von Vertreibung und kann daher auch so benannt werden.

Überblick

0. Vorbemerkungen

Die Aussagen der Betroffenen selbst sind eindrucksvolle Zeugnisse des Leidens und des unausgesetzten Ringens der Zwangsumgesiedelten um Wiedergutmachung für den erlittenen Verlust und um die Anerkennung ihrer Rechte. Wir fügen diese Zeugnisse daher in einer leicht bearbeiteten Form – als zusammenhängende Texte – diesem Buch im Wortlaut bei.

Hier geben wir – im Überblick – zunächst eine gestraffte und thematisch gegliederte Zusammenfassung, die vollständig auf den tatsächlich in den Interviews gemachten Aussagen beruht. Um ein möglichst umfassendes Bild von der Lebenssituation der Betroffenen zu erhalten, werden die Erfahrungen der Interviewten mit der Vertreibung, die direkten Folgen des Umsiedlungsprozesses bis hin zu den heutigen Lebensumständen in den Wiederansiedlungskolonien betrachtet. Ein Schwerpunkt liegt dabei auch auf den Erwartungen und Forderungen der durch den Bau des Stahlwerks in Rourkela und des Mandira-Staudamms vertriebenen Adivasi. Die Kernaussagen in den Interviews wurden dafür vergleichend auf Gemeinsamkeiten und Unterschiede hin analysiert.

Einige der Interviewpartner haben die Umsiedlung noch selbst miterlebt. Darunter sind auch ehemalige und heutige Aktivisten wie der fast 100-jährige Joachim Sahoo und sein Neffe Ram Chandra Sahoo. Diese beiden sind selbst keine Adivasi, aber sie unterstützen deren Anliegen vorbehaltlos und können über die Dimensionen des Projekts, der Enteignung und Umsiedlung genau Auskunft geben. Sie wissen, dass die Region um Rourkela primär aus technisch-logistischen Gründen als Standort für ein Hüttenwerk ausgewählt wurde. R.C. Sahoo bestätigte, dass für die Errichtung des Stahlwerks und den Bau der neuen Stadt 32 Dörfer mit einer Bevölkerungszahl von ungefähr 13.000 Menschen und für den Mandira-Staudamm weitere 31 Dörfer mit etwa 9.000 Einwohnern enteignet und umgesiedelt wurden.

Der hochbetagte Joachim Sahoo erinnerte sich, dass die deutsche Seite bereits in der Planungsphase an dem Projekt beteiligt gewesen sei und dafür eigens Ingenieure für Vermessungsarbeiten in das Gebiet um Rourkela entsandt habe. Die Zwangsumsiedlung Mitte bis Ende der 1950er Jahre hat der größte Teil der Interviewpartner als Kinder oder Jugendliche miterlebt. Einige erinnern sich in diesem Zusammenhang hauptsächlich an Berichte und Schilderungen ihrer Eltern.

Überblick

Insgesamt zeigen die Aussagen jedoch durchweg ein sehr positives Bild von den vormaligen Bedingungen: von guten Wohnverhältnissen und günstigen landwirtschaftlichen Bedingungen. Das ursprüngliche soziale Zusammenleben der Adivasi von Rourkela war von Gemeinschaftssinn und einem friedlichen Miteinander geprägt.[4] Trotz einer bis dahin ausreichenden Existenz weckte der geplante Bau des „Rourkela Steel Plant" (RSP) damals bei vielen Menschen Hoffnungen auf eine weitere Verbesserung ihrer Lebenssituation. Diese Hoffnungen haben sich nicht erfüllt.

---

[4] Es ist davon auszugehen, dass die Verhältnisse vor der Zwangsumsiedlung nicht nur problemlos und dass das Leben der Ureinwohner auch früher mit Mühen verbunden gewesen ist. Idealisierte Darstellungen lassen sich teilweise damit erklären, dass das autobiographische Gedächtnis von Menschen generell eine eher positive Wahrnehmung der Vergangenheit – als Schutzmechanismus vor negativen Emotionen – produziert (vgl. Walker, W. Richard; John J. Skowronski, Charles P. Thompson: Life is pleasant – and memory helps to keep it that way! In: Review of General Psychology Volume 7, 2003, o.O., S. 203 ff.) Hier standen zweifellos die Erlebnisse der Kindheit der Befragten in starkem Kontrast zu den sehr negativen Erfahrungen während und nach ihrer Vertreibung und wurden daher als positives Gegenbild zu den im folgenden ausgeführten Missständen in den neuen Siedlungen internalisiert.

Überblick

1. Die Informationspolitik der offiziellen Stellen und der Widerstand der Betroffenen

Die Umsiedlung der betroffenen Bevölkerung erfolgte keineswegs auf freiwilliger Basis. Einige Bewohner folgten der Anweisung zum Verlassen ihrer Häuser sofort, weil sie keine Alternative sahen. Andere standen dem geplanten Projekt sehr ablehnend gegenüber, sahen aber keine Möglichkeit, erfolgreich Widerstand zu leisten. Es gab im Vorfeld keine bzw. nur sehr wenige Informationen zum geplanten Bau. In einigen wenigen Dörfern wurden die Bewohner zumindest teilweise über die bevorstehende Zwangsumsiedlung aufgeklärt, andere wurden jedoch vollständig in Unwissenheit gelassen und erst kurz vor Beginn der Räumungen darüber in Kenntnis gesetzt, dass sie ihr Land verlassen müssen. Im Bereich des Mandira-Damms hieß es, dass ihre Dörfer in absehbarer Zeit durch das steigende Wasser überschwemmt würden, sie erhielten jedoch zunächst keine weiteren Informationen über den geplanten Verlauf ihrer Umsiedlung.

Andererseits gab es bei der Ankündigung der bevorstehenden Enteignung weitreichende Versprechungen zur Wiedergutmachung durch Projektverantwortliche. So berichtet die Mehrheit der Interviewten, dass ihre Eltern nur aufgrund der Zusicherungen bereit waren, ihr angestammtes Land zu verlassen: Man werde sie für den Verlust ihrer Häuser und ihres Landbesitzes in gleicher Höhe entschädigen und Arbeitsplätze in dem geplanten Stahlwerk für sie bereitstellen sowie für ausreichend infrastrukturelle Einrichtungen wie Schulen und Gesundheitsstationen in den neuen Kolonien sorgen.[5]

Solche Zusicherungen wurden auch durch prominente Politiker wie dem damaligen Premierminister Jawaharlal Nehru und dem Staatspräsidenten Dr. Rajendra Prasad in öffentlichen Veranstaltungen wiederholt. Und selbst der einflussreiche Adivasi-Führer und ehemalige Hockey-Star Jaipal Singh unterstützte das Projekt *(Interview I, IV)*. Im Vertrauen auf die gegebenen Versprechen – und vielleicht auch, weil sie nicht gleich alle Implikationen ihrer notwendigen Umsiedlung verstehen konnten – ließen sich am Ende viele Ureinwohner von der Errichtung des Hüttenwerks überzeugen.

---

[5] Vgl. Rourkela und die Folgen, Heidelberg 2007, S. 114ff. Dort ist eine Pressemitteilung dieses Inhalts der Regierung von Orissa vom 27.6.1955 abgedruckt. Weitere offizielle Mitteilungen finden sich in der englischsprachigen Materialsammlung Adivasis of Rourkela, Bhubaneswar 2006.

Überblick

Nur wenige der Gesprächspartner erinnerten sich detailliert an Protestaktionen und aktiven Widerstand. Einer der Interviewten hatte als junger Mann selbst eine führende Rolle in der Bewegung inne, und seinen Schilderungen zufolge nahmen durchaus nicht alle durch den Bau des RSP Betroffenen die Enteignung ihres Besitzes wortlos und widerstandslos hin.

Nachdem die Verantwortlichen auf verschiedene Forderungen der lokalen Bevölkerung und die Bitte um Aufschub der Zwangsräumung mit unangemessener Härte vorgegangen waren, weiteten sich die Proteste aus und wurden teilweise von den Sicherheitskräften mit Gewalt niedergeschlagen. In der Landeshauptstadt Bhubaneswar fand ein Hungerstreik der Adivasi statt. Dies bewog zumindest einen der zuständigen Minister zur Aufnahme von Verhandlungen, jedoch wurden dabei keine zufriedenstellenden Ergebnisse erzielt. Das damalige Engagement unseres Interviewpartners für die Betroffenen hatte sogar fast zu seiner Inhaftierung und der eines Freundes geführt. In der Folge kamen ihm verschiedene Mitstreiter zu Hilfe, was schließlich zu gewalttätigen Auseinandersetzungen mit der Polizei führte *(Interview X)*. Solche Widerstandsaktionen kamen vermutlich in Rourkela selbst zustande.

Die damalige Aufklärungspolitik seitens der Verantwortlichen ist äußerst kritisch zu beurteilen, und es kann angenommen werden, dass absichtlich Informationen über das geplante Projekt zurückgehalten wurden, um damit die mögliche Entstehung einer politischen Bewegung gegen die Umsetzung des RSP zu verhindern.

Überblick

2. Die Vertreibung der Adivasi

Die Zwangsumsiedlung selbst erfolgte nach den Schilderungen der Interviewten zum Teil auf sehr rücksichtslose Weise. Die Bewohner wurden in nicht wenigen Fällen gezwungen, ihre Nahrungsvorräte und ihr Vieh auf Lastwagen zu laden, mit welchen sie anschließend in teilweise weit entfernte Dschungelgebiete transportiert und dort ohne weitere Erklärungen abgesetzt wurden. Dies geschah zumeist ohne jegliche Vorankündigung.

Die Räumung ihrer Dörfer hat im Empfinden vieler Betroffener sehr abrupt stattgefunden und bisweilen zu traumatischen Erlebnissen geführt. So musste z.B. ein damals junges Mädchen nach der Rückkehr von einer Stipendienprüfung erkennen, dass in der Zwischenzeit ihr Heimatdorf im Mandira-Stausee untergegangen war *(Interview V)*.

Die Umsiedler hatten keine Vorstellung davon, was sie an den neuen Orten erwarten würde, und dies führte ebenfalls zu psychischen Belastungen. Viele hatten nicht einmal die Möglichkeit, die notwendigsten Habseligkeiten und Vorräte mitzunehmen.

Die zuständigen Beamten verhielten sich während des gesamten Umsiedlungsprozesses sehr herablassend, was die Betroffenen als erniedrigend empfanden. In dieser Situation war keinerlei Hilfe von den Beamten zu erwarten. Auch die Bitte der Bevölkerung, noch die bevorstehende Ernte abzuwarten, wurde komplett ignoriert. Mit dem zügigen Abriss von Gebäuden wurden auch gleich vollendete Tatsachen geschaffen.

Für viele der Adivasi blieb diese staatlich angeordnete – im Ergebnis einer Deportation[6] ähnliche – Verlegung in die neuen Siedlungen nicht die einzige Zwangsmigration. Ein großer Teil von ihnen sah sich aufgrund der schlechten Versorgungslage veranlasst – teilweise sogar mehrmals – , in andere Gebiete abzuwandern. Einige der Betroffenen wurden auch durch diverse weitere staatliche Projekte erneut vertrieben *(Interview VI)*.

---

[6] „Deportation ... ist die staatliche Verbringung von Menschen in andere Gebiete. Sie erfolgt auf staatliche Anordnung, die sich auf das geltende Recht des durchführenden Landes bezieht. ... Sie sind mit Teil- oder Totalverlusten von gesetzlichen Rechten der Deportierten verbunden."
(Quelle: http://de.wikipedia.org/wiki/Deportation (12.4.2011))

Überblick

3. Die Lebensbedingungen in den Umsiedlungskolonien

Viele der Interviewten beschreiben unhaltbare Zustände in den Umsiedlungsorten und großes Leid *(Interview V, IX)*. Zahlreiche Menschen in den neuen Siedlungen überlebten die erste schwierigste Zeit nicht. Mit Schuld daran war das völlige Fehlen einer planvollen Vorbereitung in den Orten durch die Verantwortlichen *(Interview IV, VII)*.
Auch nach wiederholten Hinweisen auf die katastrophalen Zustände in verschiedenen Bereichen gab es keinerlei Reaktion seitens der zuständigen Behörden. Es wurde auch nicht erkennbar, dass solche Hinweise an höhere Stellen weitergegeben wurden *(Interview I)*. Einer der Befragten prangerte sehr deutlich das mangelnde Engagement der Politik an *(Interview IV)*.
Trotz Ankündigungen und Versprechungen gab es seitens der Verantwortlichen so gut wie keine Vorbereitungen in den neuen Siedlungen. Nach Auskunft eines Interviewpartners waren zwar von Unternehmensseite Fachkräfte vorgesehen, welche die Adivasi während der Aufbauphase unterstützen und anleiten sollten. Diese hätten jedoch die vorgesehenen Aufgaben nicht erfüllt und seien den Umsiedlungskolonien fern geblieben *(Interview I)*.
Aufgrund der schlechten Zustände und aus Angst vor den Gefahren im Dschungel verließen viele diese Orte wieder, während andere trotz großer Schwierigkeiten den Schritt zu einer erneuten Existenzgründung wagten. Dies führte zu einer weiteren Destabilisierung der Gemeinschaftsstrukturen.
Vorräte waren nach kurzer Zeit aufgebraucht, und anschließend waren die Zwangsumgesiedelten teilweise gezwungen, sich von Pflanzen und Blüten aus dem Dschungel zu ernähren, um überhaupt zu überleben *(Interview VIII)*.
Bei der Vorbereitung der Umsiedlungsorte war auch nicht an die Wasserversorgung – Brunnen oder nutzbare Quellen – gedacht worden. Folglich hatten die Zwangsumgesiedelten keinen Zugang zu sauberem Wasser. Trinkwasser wurde dann von den Behörden in Fässern angeliefert, das sich jedoch als stark verunreinigt herausstellte. Eine große Anzahl der Vertriebenen erkrankte deswegen und nicht wenige starben an Infektionen *(Interview IX)*.
Trotz massiver Erkrankungen gab es zu Beginn keinerlei ärztliche Hilfe. Erst nach Beschwerden bei den offiziellen Stellen wurden zwar Medikamente angeliefert, aber aufgrund der Ansteckungsängste des zu-

Überblick

ständigen Personals ohne weitere Erklärungen und Anweisungen an die Erkrankten übergeben *(Interview I)*.
Besonders für diejenigen, die damals als Kinder diese schwierigen Umstände und das Dahinsterben ihrer nächsten Verwandten erlebten, stellen diese Erfahrungen bis zum heutigen Tag ein Trauma dar *(Interview V, VIII)*.

3.1. Land, landwirtschaftliche Nutzung und Ernährungssituation

Die problematischen Lebensbedingungen änderten sich auch in den folgenden Jahren bis in die heutige Zeit kaum.
Bei der Zuteilung von neuem Land gab es so gut wie keine systematische Planung seitens der Verantwortlichen. Die umgesiedelten Adivasi wurden ohne genauere Angaben lediglich auf das vorhandene Land verwiesen und sollten dieses eigenständig untereinander aufteilen. Aufgrund fehlender Demarkationen kannte niemand den tatsächlichen Umfang des ihm zugewiesenen Landes. Wiederholte Anfragen bei den zuständigen Stellen, diesen Zustand zu ändern und schließlich die bisher versäumte Registrierung nachzuholen, haben bis heute keinen Erfolg gezeigt *(Interview II)*. Der Versuch der Adivasi, sich passende Landstücke selbständig auszusuchen und für den Akkerbau herzurichten, wie es ihrer subsistenzorientierten Wirtschaftsweise entsprochen hätte, zog dann aber Strafmaßnahmen durch die Forstbehörde nach sich *(Interview III)*.
Alle Befragten in den Interviews teilten mit, dass ihren Familien bei weitem zu wenig und im Wesentlichen unfruchtbares Land zugewiesen wurde *(Interview VI)*. Selbst ohne agrarwissenschaftliche Ausbildung lässt sich dies leicht erkennen, wenn man die trockenen und teilweise sehr steinigen Böden betrachtet.
Auch die Vergabe von Grundstücken zum Bau von Häusern war völlig unzureichend und vor allem nicht auf das natürliche Wachsen einer Familie angelegt. Die ohnehin schwierige Existenz wurde dann noch prekärer, sobald die Familie größer wurde *(Interview IV)*.
Einige Gesprächspartner bezeichneten die Landvergabe direkt als Betrug, da aufgrund der Bodenbeschaffenheit während der ersten Jahre nach der Neuansiedlung überhaupt keine Ernte möglich war. Die fehlenden landwirtschaftlichen Erträge hatten schwerwiegende Auswirkungen auch auf die ökonomische Situation der Umsiedler. Die Selbstversorgung mit Lebensmitteln war unsicher – niemals blieben Überschüsse – eine Verbesserung der Einkommenssituation war unmög-

Überblick

lich *(Interview I, III)*. Häufig erlebten die Menschen in den entlegenen Umsiedlungsorten zudem auch die Zerstörung ihrer Felder durch wilde Elefanten, wodurch die spärlichen Ernten noch weiter reduziert wurden. Die zuständigen Behörden waren selbst in solchen Fällen nicht dazu bereit, für den Verlust zu entschädigen *(Interview III, siehe Foto im Anhang)*. So herrschte häufig Nahrungsmittelknappheit, und selbst die übliche kostenlose Schulspeisung fiel aufgrund der abgeschiedenen Lage der Dörfer oft aus.

Später gab es zudem Konflikte mit Nicht-Adivasi, die widerrechtlich das Land der Adivasi in Beschlag nahmen. Als Beispiel kann die Umsiedler-Wohnkolonie Jalda genannt werden, die heute quasi einen Außenbezirk der Stadt Rourkela darstellt: Aufgrund der gestiegenen Grundstückspreise in der Stadt selbst waren stadtnahe Gebiete von besonderem Interesse für Zugezogene *(Interview IV)*.

In den letzten Jahren tauchte eine weitere Bedrohung für die Landwirtschaft der Adivasi auf: die enorme Zunahme von Fabriken zur Herstellung von Schwammeisen. Diese berüchtigten „Sponge Iron Factories" befinden sich häufig auf dem Land der Adivasi – auch in entlegeneren Gebieten und auch in den Umsiedlungsgebieten. Dieses Land haben sich die privaten Unternehmer vielfach illegal angeeignet, was wieder zu Vertreibung und Landkonflikten führte *(Interview VII)*. Die Schwammeisenherstellung ist eine rentable, aber auch sehr umweltbelastende Vorstufe für die Erzeugung von hochwertigem Stahl. Aufgrund der Eisenerzvorkommen in der Region und wegen der durch die Existenz des Stahlwerks in Rourkela bereits entwickelten industriellen Infrastruktur sind im gesamten Sundargarh–Distrikt bisher etwa 50 dieser Anlagen entstanden.[7] Die Atmosphäre, der Boden und die Gewässer in der Nachbarschaft dieser „kleinen" Hüttenwerke sind von starker Verschmutzung betroffen *(vgl. Fotos im Anhang)*.

Neben der minderen Bodenqualität fehlten auch Bewässerungsmöglichkeiten für eine erfolgreiche Landwirtschaft. Im Umsiedlungsdorf Ushra mussten die Menschen über viele Jahre hinweg Wasser aus dem weit entfernten Mandirastausee beziehen. Da die Regierung nichts unternahm, errichtete die Dorfgemeinschaft schließlich auf eigene Initiative einen Brunnen *(Interview II)*.

---

[7] Nach Schätzungen, offizielle Angaben liegen nicht vor (vgl. Vasundhara (Hg.) Status of sponge iron plant in Orissa. Bhubaneswar 2009. http://www.vasundhara orissa.org/Research Reports/Status of sponge iron plant in Orissa.pdf).

Überblick

In vielen Dörfern gab es weder eine adäquate Trinkwasserversorgung, noch wurden ausreichende chemische Mittel zur Reinigung des verschmutzten Wassers zur Verfügung gestellt *(Interview III)*. Besonders in der Umsiedlungskolonie Jhandapahar stellte der mangelnde Zugang zu Wasser ein schwerwiegendes Problem dar. Zwar wurde nach jahrelangem Bitten der Bewohner eine Wasserpumpe aufgestellt, aber diese war nach nur kurzer Zeit wieder defekt und wurde daraufhin nicht mehr repariert. Der einzige Zugang zu Trinkwasser besteht in einem sehr weit vom Dorf entfernt gelegenen Teich, welcher jedoch auch zum Waschen der Kleidung und vom Vieh zum Baden genutzt wird. Das Ausweichen auf einen Brunnen in der Nähe des Teiches, welcher zum Nachbardorf gehört, führte zu starken Differenzen mit dessen Bewohnern. Diese sehen durch die Mitnutzung der Nachbarn ihre eigenen, ohnehin schon begrenzten Trinkwasservorräte gefährdet.

3.2. Infrastruktur

Weitere Mängel herrschen bei der medizinischen Ausstattung, der Straßenanbindung, den Bildungseinrichtungen sowie der Versorgung mit Elektrizität.
Aufgrund der fehlenden medizinischen Versorgung starben viele Erkrankte in den Dörfern *(Interview III)*. Es gab und gibt keine halbwegs nahegelegenen und kostengünstigen Krankenhäuser *(Interview IX)*. Dazu machte der schlechte Zustand der Zufahrtswege in den Umsiedlungsgebieten auch die entfernteren Krankenhäuser für die Bewohner fast unerreichbar *(Interview I)*.
Unzureichende Verkehrsanbindungen stellen zum Teil bis heute ein großes Problem dar – vor allem während des Monsuns, wenn die ungeteerten Straßen durch Auswaschen beschädigt werden und dadurch der Verkehr von und zu den Umsiedlungsorten erschwert oder gar völlig unmöglich gemacht wird *(Interview III, VII)*.
Ein weiterer zentraler und ebenfalls von den Behörden bisher vernachlässigter Bereich ist die Schulbildung der Kinder und Jugendlichen. In der näheren Umgebung vieler Dörfer gab und gibt es teilweise bis heute keine weiterführende Schule, und selbst der Besuch der Grundschule ist oft mit einem langen und beschwerlichem Weg verbunden *(Interview III)*. Um den Kindern ihrer Gemeinschaft zumindest eine Basis formaler Bildung zukommen zu lassen, entschlossen sich die Bewohner von Lachhada, aus eigenen Kräften zunächst eine Grund-

Überblick

schule und später auch eine weiterführende Schule zu eröffnen *(Interview I)*.
Obwohl in einigen Neusiedlungen Schulen existierten oder von den Bewohnern selbst privat gegründete Institutionen später durch die Regierung übernommen wurden, fand dennoch kein regelmäßiger Unterricht statt. Dies liegt außer an der unzureichenden Ausstattung der Schulen vor allem an der häufigen Abwesenheit des Lehrpersonals. Die zuständigen Behörden unternahmen trotz regelmäßiger Beschwerden nichts dagegen *(Interview I)*. Für die betroffenen Umsiedler bedeutete dies, dass auch die nachfolgenden Generationen kaum eine Chance besaßen, auf dem Arbeitsmarkt konkurrenzfähig zu werden.
Aufgrund der dadurch zunehmenden Perspektivlosigkeit sahen sich viele junge Menschen veranlasst, aus ihren (neuen) Heimatdörfern wegzugehen und ihren Lebensunterhalt – häufig als ungelernte und schlechtbezahlte Arbeiter – in den Großstädten des Landes zu verdienen *(Interview I, IX)*.
Wegen der fehlenden Versorgung mit Wasser und Strom in den Dörfern war eine ausreichende Bewässerung der Felder vielfach nicht möglich. In der Neusiedlung Ushra gab es im Gegensatz zu den meisten anderen Umsiedlungskolonien zwar einen Anschluss an das öffentliche Stromnetz, doch waren dann die Kosten für die Gebühren so hoch, dass die Bewohner sie nicht aufbringen konnten *(Interview II)*.
In allen Umsiedlungsplätzen fehlte und fehlt es bis heute an grundlegender Versorgung in nahezu sämtlichen infrastrukturellen Bereichen.

3.3. Soziokulturelle Auswirkungen

Die Mehrheit der betroffenen Adivasi hat die Zwangsumsiedlung als Zerstörung ihrer Kultur, Lebensweise und des Einheitsgefühls erlebt. Die grundlegende Erfahrung ist die einer Entwurzelung von ihrem angestammten Land. Dies bedeutete auch den Entzug der materiellen Grundlage der Adivasi-Naturreligion *(Interview IV, VIII)*. Der harte Überlebenskampf in den Umsiedlungsorten ließ zudem kaum noch Zeit für die Durchführung und damit die Erhaltung ihrer Bräuche. Auch durch Einflüsse von außen wurde das Brauchtum zunehmend unterhöhlt.[8]

---

[8] Vgl. die eindringliche Analyse zu dieser Fragestellung im Beitrag von Nabor Soreng in: Rourkela und die Folgen. Heidelberg 2007, S. 69-87.

Überblick

Die Armut und starke Abgeschiedenheit der Umsiedlungskolonien wirkte sich auch auf das soziale Leben ihrer Bewohner aus. So wird z.B. beklagt, dass kaum noch Familien dazu bereit seien, ihre Tochter einem Bewohner eines Umsiedlungsdorfes zur Frau zu geben.Denn die Eltern befürchten für ihre Kinder dann eine deutliche Verschlechterung der Lebenssituation und eine unsichere Zukunft *(Interview III)*.

Überblick

4. Die Wiedergutmachung: Versprechungen und deren Umsetzung

Die zuständigen Institutionen verkündeten während der Vorbereitungs- und Aufbauphase des Stahlwerkes weitgehende Kompensationsleistungen.[9] Dies bestätigten alle Interviewten auch in den Gesprächen. Es handelte sich aber im wesentlichen um bloße Willensbekundungen oder Versprechungen, die auch von prominenten Politikern wiederholt wurden:

> „Zu der Zeit war Jawaharlal Nehru Premierminister von Indien. Er hatte ein Herz für die Adivasi. Er sagte, dass die Adivasi arm sind und dass sie im Gegenzug für ihr Land, das für die Errichtung des Stahlwerks erworben wurde, eine Anstellung und Land bekommen sollten."
>
> *(Interview IV)*

Die Kompensationsmaßnahmen lassen sich in vier Kategorien unterteilen: Land für Land, Haus für Haus, Arbeitsplätze im Stahlwerk und eine ausreichende infrastrukturelle Ausstattung der neuen Siedlungen.

Alle Interviewten geben jedoch an, dass in keinem dieser Bereiche die Ankündigungen der Verantwortlichen erfüllt worden seien. Manch einer bezeichnete dies ganz unverblümt als Betrug *(Interview I)*. Die Regierung habe über den gesamten Zeitraum seit der Vertreibung der Ureinwohner keinerlei Anstrengungen zur Entwicklung der Umsiedlungsgebiete unternommen *(Interview V)*.

Die Nichterfüllung der Versprechungen betrifft nicht nur die erste Generation der Vertriebenen. Das Versäumnis von Infrastrukturmaßnahmen in den neuen Siedlungen hat – wie sich zeigt – auch für die folgenden Generationen gravierende Auswirkungen *(Interview X)*.

4.1. Land für Land

Die Entschädigung für ihr enteignetes Land wäre für die Adivasi von besonderer Bedeutung gewesen. Bei genauer Betrachtung und Analyse des zugänglichen Datenmaterials wird deutlich, dass die Betroffenen insgesamt gerechnet nur für einen Bruchteil – etwa ein Viertel –

---

[9] Vgl. Adivasis of Rourkela. Bhubaneswar 2006.

Überblick

der enteigneten Flächen Ersatz erhalten haben.[10] In Einzelfällen war diese Diskrepanz noch erheblich größer *(Interview II, VIII)*. Dazu kommt, dass die Qualität des Bodens in keiner Weise mit der ihres vorherigen Besitzes vergleichbar ist. Vielfach handelte es sich bei den zugewiesenen Flächen in den Umsiedlungskolonien lediglich um steinige und unfruchtbare Böden *(Interview I, II, IX)*.

Hierdurch wird die These erhärtet, dass im Vorfeld der Umsiedlung keine genauen Untersuchungen über die tatsächlichen Besitzverhältnisse – geschweige denn über die Lebensweise – der Adivasi stattgefunden hatten.[11] Diese Versäumnisse und Nachlässigkeiten zum Zeitpunkt der Umsiedlung machen es bis heute schwierig oder sogar unmöglich, die Adivasi entsprechend den Vorgaben des Gesetzes zu entschädigen. Eine rechtmäßige und gerechte Entschädigung in heutiger Zeit für die damals erlittenen Nachteile müsste deshalb auch die vorgetragenen Beschwerden und Interessen der Adivasi einbeziehen.

Ein weiterer Kritikpunkt sind die zum Teil sehr großen Entfernungen zu den Ursprungsdörfern bzw. der Stadt Rourkela: In manchen Fällen sind das etwa 100 Kilometer. Viele Umsiedlungsorte – auch wenn sie näher an Rourkela liegen – sind bis heute nur sehr schwer und nur über weite Umwege erreichbar. Dies konnten auch alle deutschen Besucher in den Umsiedlungsorten während der letzten fünf Jahre feststellen.

Aufgrund der Politikerreden hatten die Adivasi geglaubt, dass sie mit der Aufgabe ihres angestammten Landes zur erfolgreichen industriellen Entwicklung Indiens beitragen und an dieser auch selbst teilhaben würden. Die Art und Weise, wie die Entschädigung für Land vorgenommen wurde, führte zu einer großen Enttäuschung und zu dem Empfinden, betrogen und hintergangen worden zu sein. So mussten die Ureinwohner schließlich erkennen, dass sie nicht nur an der allgemeinen Entwicklung kaum partizipieren konnten, sondern dass sie darüber hinaus bis heute gravierende Nachteile zu ertragen haben *(Interview VI)*.

---

[10] Ibid. S. 12-13, 34-35. Rourkela und die Folgen. Heidelberg 2007, S.104-105, 108-111.
[11] Dies hatte bereits der deutsche Sozialwissenschaftler Jan Bodo Sperling moniert, der sich von 1958 bis 1962 in Rourkela aufhielt. Vgl. Sperling, J.B.: Rourkela – Sozioökonomische Probleme eines Entwicklungsprojekts. Wissenschaftliche Beiträge zur Außen- und Entwicklungspolitik. Eichholz Verlag Bonn 1963.

Überblick

4.2. Haus für Haus
Auf die Ängste der Betroffenen wegen des Verlustes ihrer Wohnhäuser reagierten die zuständigen Behörden mit Beschwichtigungen und dem Verweis auf Ersatz. Auch diese Versprechen wurden nicht erfüllt. Einige der enteigneten Ureinwohner erhielten nur einen Geldbetrag und wurden dazu aufgefordert, damit selbständig ihre Häuser neu zu bauen *(Interview I)*.
Diese Zahlungen waren jedoch bei weitem nicht ausreichend zur Errichtung ihrer neuen Unterkünfte. Der Aufbau der Häuser ohne äußere Hilfe und Anleitung nahm tatsächlich einen langen Zeitraum in Anspruch *(Interview I, X)*. Nach den Aussagen verschiedener Interviewpartner wurden auch keine einheitlichen Geldbeträge ausgegeben. Und selbst die größte erwähnte Summe hätte nicht für ein solides Wohngebäude genügt. So blieben die aus ihren Ursprungsdörfern Vertriebenen nach Ankunft in den Umsiedlungskolonien zunächst in provisorisch hergerichteten Hütten aus Naturmaterial untergebracht, die den indischen Witterungsbedingungen während der Monsunzeit kaum standhielten und bei der Größe der vertriebenen Familien nicht ausreichend Platz boten *(Interview VIII)*.
Die zum Hausbau zur Verfügung gestellten Parzellen waren in der Fläche viel zu knapp bemessen *(Interview X)*.

4.3. Arbeitsplätze
Zu Beginn des Stahlwerkbaus mussten Ausschachtungs- und Tiefbauarbeiten vorgenommen werden. Diese konnten zum großen Teil problemlos von ungelernten Hilfskräften ausgeführt werden. Schätzungen gehen davon aus, dass im Jahre 1958 ungefähr 43.000 bis 46.000 Adivasi für diese Arbeiten angestellt waren. Schon im Jahr darauf war ein deutlicher Rückgang dieser Arbeitskräfte auf circa 30.000 zu verzeichnen, der sich in den folgenden Jahren noch erheblich verstärkte.[12] Diese Art von Beschäftigung brachte jedoch eine gewisse Abhängigkeit mit sich, da die Menschen sich an ein regelmäßiges Gehalt gewöhnt hatten und nun nicht ohne weiteres zu ihrer bisherigen landwirtschaftlichen Tätigkeit zurückkehren konnten oder wollten.[13] Unklar bleibt angesichts der genannten Zahlen jedoch, wie viele dieser Arbeiter tatsächlich aus den zwangsumgesiedelten Dörfern stammten.

---

[12] Sperling, a.a.O., S. 22.
[13] Ibid., S. 19ff.

Überblick

Arbeitsplätze für die Adivasi im Stahlwerk selbst sind nur in sehr beschränktem Umfang realisiert worden, zumeist nur in Positionen als Hilfsarbeiter mit sehr geringen Aufstiegschancen. Dies wurde mit der fehlenden Qualifikation begründet. Stattdessen wurden Arbeiter aus anderen Teilen Indiens eingestellt *(Interview IV)*. Aus Angaben des Personalbüros des Stahlwerk-Betreibers HSL aus dem Jahr 1959 geht hervor, dass nur 853 der zwangsumgesiedelten Adivasi eine Anstellung im Stahlwerk bekamen. Die Begründung lautete, dass die Adivasi „sich auf einer so niedrigen Entwicklungsstufe befunden hätten, dass der HSL eine Einstellung dieser Leute nur in sehr beschränktem Umfang hätte zugemutet werden können."[14]

Gemessen an den gemachten Versprechungen haben nur verhältnismäßig wenige der Betroffenen eine dauerhafte Beschäftigung gefunden. Zum Teil gelang dies erst nach mehrfacher Aufforderung, endlich die gemachten Zusagen zu erfüllen. Dadurch gelangten dann einige der Vertriebenen in Anstellung und hatten so die Möglichkeit, die finanzielle Situation ihrer Familien zu verbessern *(Interview I)*.

In diesem Zusammenhang ist auch festzuhalten, dass die umgesiedelten Adivasi bei der Vergabe von Arbeitsplätzen nicht nur übergangen worden sind, sondern dass sogar von der Enteignung gar nicht betroffene und teilweise aus anderen Bundesstaaten zugezogene Personen sich anhand gefälschter Bescheinigungen eine Anstellung im Stahlwerk erschlichen haben *(Interview II, VI)*.

Während der Anfangsphase haben die bei den Bauarbeiten beschäftigten Adivasi aus den zwangsumgesiedelten Orten zunächst eine wesentlich schlechtere Bezahlung erhalten als andere Arbeiter, die aus anderen Teilen Indiens herbeigebracht wurden, obwohl beide Gruppen die gleichen Tätigkeiten verrichteten. Dies führte zu großem Unmut und Streit in der Arbeiterschaft, wie sich einige der Älteren noch erinnern. Deutsche Ingenieure bemerkten dies und unterstützten die betroffenen Adivasi bei Nachverhandlungen bezüglich der Bezahlung *(Interview X)*. Auch deutsche Zeitzeugen, wie etwa der 1959 als Großgeräte-Elektro-Monteur für das Wilhelmshavener Unternehmen Krupp-Ardelt in Rourkela tätige Manfred Tiefensee, bestätigen dies: Die deutschen Arbeiter fanden die ungleiche Bezahlung ungerecht und unterstützten die Adivasi bei ihren Forderungen nach einem einheitlichen Lohn.

---

[14] Ibid., S. 19.

Überblick

Weiterhin wurden Angehörigen der zwangsumgesiedelten Adivasi-Familien rechtlich zustehende Anstellungen im Stahlwerk verweigert, da sie nicht bereit – und auch nicht in der Lage – waren, die von manchen Beamten geforderten Bestechungsgelder zu zahlen. Daneben gab es Manipulationen einer besonderen Art: So wurden in zahlreichen Fällen des Lesens und Schreibens unkundige Adivasi betrogen, indem man sie ihre Fingerabdrücke als Unterschriften auf fingierte Arbeitsverträge setzen ließ. Damit wurde sogar die Regierung über die tatsächliche Beschäftigungszahl von Enteigneten getäuscht *(Interview IX)*.

4.4. Monetäre Wiedergutmachung

In der Aufbauphase des Stahlwerks war auch eine finanzielle Wiedergutmachung angekündigt worden.[15] Der Informationsstand bei den Gesprächspartnern bezüglich des Erhalts und der Höhe dieser Gelder war jedoch unterschiedlich. Einige versicherten bei der Befragung, dass keinerlei Zahlungen an die Zwangsumgesiedelten erfolgt seien *(Interview II)*. Andere waren der Meinung, es habe einen finanziellen Ausgleich gegeben, doch habe dieser nur in sehr geringem Umfang stattgefunden und in der Höhe der Beträge für die einzelnen Enteigneten stark differiert. Dies sei von den Verantwortlichen mit der unterschiedlichen Qualität des ursprünglichen Landes begründet worden *(Interview IV, IX)*.

Wie und wofür genau eine Entschädigung gezahlt wurden, ob für den Verlust des Landes direkt oder als Kompensation für den Ausfall der Ernte eines Jahres, war oft nicht klar und in jedem Fall unzureichend *(Interview IX)*.

---

[15] Laut den in einer indischen Tageszeitung („The Statesman", Calcutta, 16.12.1958) veröffentlichten Angaben wurden zu diesem Zeitpunkt bereits **allen** (Hervorhebung durch Hg.) „Umsiedlerfamilien" – bezogen auf die Größe und Qualität ihres Landbesitzes – finanzielle Entschädigungsleistungen zwischen 200 und 900 Rupien (entsprach damals 176,- DM bzw. 792,- DM) ausgezahlt. Die gesamte finanzielle Aufwendung für diese Leistungen betrug laut Regierung 8.091.974,75 Rupien. Weitere Entschädigungsgelder wurden für den Verlust der Häuser und Hütten gezahlt. Die Beträge dafür lagen zwischen 700 und 2000 Rupien (umgerechnet 616,-DM/1760,- DM). Die Regierung sprach davon, dass sie in vereinzelten Fällen sogar bis zu 5000 Rupien (4400,- DM) Wiedergutmachungsleistungen ausgezahlt habe. (Nach: Sperling, a.a.O., S. 18).

Überblick

4.5. Infrastruktur-Aufbau

Neben den anderen Versprechungen war den Zwangsumgesiedelten auch eine angemessene infrastrukturelle Ausstattung der neuen Ansiedlungen zugesagt worden. Auch dies wurde nicht oder nicht zur Zufriedenheit der Betroffenen erfüllt. In den Umsiedlungskolonien gab es so gut wie keine Anstrengungen der Regierung. Die wenigen Maßnahmen, wie zum Beispiel die Errichtung von Schulen, gingen auf die Eigeninitiative der Bewohner zurück *(Interview VIII)*. Selbst die in den letzten Jahren begonnenen kleineren Projekte reichten nicht aus und gingen an den Bedürfnissen der Bewohner vorbei. Manche betrachten die Durchführung solcher Aktionen als reine Augenwischerei *(Interview VI)*.

4.6. Vorenthaltene Entwicklungsmaßnahmen

Die Zusicherungen über infrastrukturelle Ausstattung der neuen Ansiedlungen sind großenteils bis heute nicht erfüllt. Doch darüber hinaus blieben den zwangsumgesiedelten Adivasi sogar die speziell für sie vorgesehenen Entwicklungsmaßnahmen weitgehend vorenthalten.

> „In unserem Ort gibt es nicht einmal die einfachste Ausstattung: Wir haben keine Straße, keinen Strom, kein Wasser. Immer wenn ein Minister die Gegend bereist, wird er am Betreten unserer Siedlungen gehindert. Aus einiger Entfernung – nur von der Hauptverkehrsstraße aus – erzählt man ihm dann, unser Gebiet sei mit allem ausgestattet. Wir werden auch bei vielen Projekte und Einrichtungen betrogen, die eigentlich für uns bestimmt sind."
>
> *(Interview IV)*

Bereits 1992 hatten die Stahlwerksbetriebe ein sogenanntes Umlandentwicklungsprogramm initiiert. Dieses wurde aufgrund einer im Auftrag der deutschen Kreditanstalt für Wiederaufbau (KfW) durchgeführten „Feasibilitäts-Studie" ab dem Jahr 2000 unter dem Namen „Peripheral Development Programme (PDP)" reorganisiert, neu konzipiert und auch im Zusammenwirken mit der KfW über sogenannte „Zinsspaltungsgegenwertmittel" finanziert.[16] Mit der Durchführung wurde – auf Empfehlung der KfW – ab August 2005 die indienweit

---

[16] Vgl. Rourkela und die Folgen. Heidelberg 2007, S. 26-27

Überblick

agierende Nichtregierungsorganisation „Bharatiya Agro Industries Foundation (BAIF)" betraut. Die Existenz dieses PDP war nur einigen wenigen der Interviewten – vornehmlich den sozialen Aktivisten – bekannt.

Nach übereinstimmenden Aussagen dieser Gesprächspartner ist von den Aktivitäten dieses Programms nur sehr wenig zu spüren. Es verfehlt weitgehend die tatsächlichen Bedürfnisse der Zwangsumgesiedelten. In informellen Gesprächen wurde zudem beklagt, dass Beträge teilweise zweckentfremdet worden seien und bisher nur ein Bruchteil in die vorgesehenen Projekte geflossen sei.

> „Sie geben uns Hockey-Schläger und –Bälle und Läppchen für die Schultafeln. Das ist doch keine angemessene Entwicklungsmaßnahme für eine Neuansiedlung."
> *(Interview VI)*

Auf großen Schildern an den Ortseingängen wird inzwischen erklärt, dass das Stahlwerk hier „Modelldörfer" betreue, wie z.B. den Ort Ushra, der tatsächlich eine der „besseren" Umsiedlungskolonien darstellt, und dass diese Dörfer in den Genuss besonderer Entwicklungsmaßnahmen kommen sollten *(vgl. Fotos im Anhang)*. Doch auch hier wurden solche Maßnahmen nur vereinzelt und ansatzweise durchgeführt *(Interview II)*.

Nach Beobachtung durch die Aktivisten hat erst das Auftauchen von einigen deutschen Besuchern der Adivasi-Koordination in den Umsiedlungsorten und der nachdrückliche und öffentlich gemachte Hinweis auf die Missstände wieder Bewegung in die Sache gebracht. So seien in den letzten Jahren durch das „Peripheral Development Programme (PDP)" immerhin einige Projekte in Gang gesetzt worden. Doch werden diese von den Betroffenen bisher als vollkommen unzureichend und teilweise als bloße symbolische Geste bewertet.

Überblick

5. Forderungen der Betroffenen

Die Zwangsumgesiedelten von Rourkela und dem Gebiet des Mandira-Staudamms sehen ihre Vertreibung und die Vernachlässigung ihrer Entwicklung durch die Regierung in ursächlichem Zusammenhang. Ihre Erwartungen und Forderungen richten sich vor allem an die indischen Verantwortlichen und beziehen sich bis heute größtenteils immer noch auf die Erfüllung der während der Aufbauphase des Stahlwerks gemachten Versprechungen. Das sind:
- die noch ausstehenden Entschädigungen für ihr beschlagnahmtes Land (in adäquater Weise, was Umfang und Qualität betrifft) und die dringende offizielle Vermessung des bereits zugeteilten Bodens;
- der Infrastruktur-Aufbau in den Umsiedlungsgebieten in den Bereichen Wasserversorgung, Bildung, Medizin, Elektrizität und Straßenbau,
- die Bereitstellung von Arbeitsplätzen im Stahlwerk für jeweils ein Mitglied jeder vertriebenen Familie.

In den letzten Jahren haben Betroffene mehrfach vor Gerichten auf die Umsetzung der zugesicherten Kompensationsleistungen geklagt. Um ihren berechtigten Ansprüchen auch in der politischen Arena Nachdruck zu verleihen, haben sich verschiedene Selbstorganisationen der Betroffenen gebildet. Immer wieder finden Demonstrationen und Blockade-Aktionen statt. Sie haben den starken Zusammenhalt der Teilnehmenden sichtbar gemacht, und so konnten auch einige kleinere Erfolge in den Verhandlungen mit den Verantwortlichen erzielt werden.

„Beim letzten Mal, vor drei Jahren [2006], haben wir die Bahnstrecke blockiert – die Schienenblockade zog sich über 52 Stunden hin. Wir haben zu einem Streik in ganz Rourkela aufgerufen und die Nationalstraße an drei Stellen blockiert ... Aus lauter Angst hat die Regierung 97 Einsatztrupps von Polizisten geschickt. Sie versuchten, die Leute einzuschüchtern, aber die Stammesangehörigen blieben bei der gemeinschaftlichen Entscheidung, dass wir gegenüber der Regierung Widerstand leisten müssen. Und sie haben dem Polizeiaufgebot der Regierung tatsächlich widerstanden, sie haben die Straße blockiert, sogar

Überblick

> als die Polizei die Kontrolle übernahm und Einsatztrupps in verschiedene Dörfer eindrangen. Die Leute sind trotzdem herausgekommen und haben die Straße blockiert. Es sieht also doch so aus, dass noch Hoffnung besteht, dass die Menschen hier eine gerechte Behandlung erfahren und ihre Überlebensrechte anerkannt werden."
>
> *(Interview VI)*[17]

Neben den Forderungen an die indischen Verantwortlichen wurden in den Interviews auch einige Erwartungen und Wünsche an die deutsche Seite erkennbar.

5.1. Forderungen an die indischen Verantwortlichen

In vielen Interviews mit Zwangsumgesiedelten kommt die Hoffnung zum Ausdruck, dass durch eine Änderung der gegenwärtigen Politik ihre Lebenssituation verbessert werden könnte.

Mit kleinen gemeinsamen Aktionen versuchen sie immer wieder, die Aufmerksamkeit der Regierung auf ihre menschenunwürdige Lage zu lenken und so die nötigsten Maßnahmen oder Projekte im Rahmen des Umlandentwicklungsprogramms „Periphery Development Programme (PDP)" in ihren Dörfern einzufordern *(Interview I)*. Dabei geht es vor allem um die Sicherung der Grundversorgung und -ausstattung auch mit Blick auf die kommenden Generationen *(Interview V)*.

Leider bleibt festzuhalten, dass die Verantwortlichen auf solche Forderungen und die sich immer stärker formierende Bewegung der Zwangsumgesiedelten weiter mit Verzögerungsstrategien reagieren. Ursprünglich vorgesehen sind zum Beispiel eigentlich regelmäßige Treffen des „Rehabilitation Peripheral Development Advisory Committee (RPDAC)", einem Gremium aus Vertretern der örtlichen Behörden und des Stahlwerks zur Planung von Entwicklungsprojekten im Umland. Dabei können im Prinzip auch die Anliegen der Bewohner der Umsiedlungsgebiete vorgebracht werden. Doch trotz ver-

---

[17] Diese große Blockade-Aktion in Rourkela fand unmittelbar im Anschluss an die tragischen Ereignisse in Kalinganagar im Januar 2006 statt, wo bei Widerstandsaktionen gegen eine geplantes Stahlwerk des Unternehmens Tata mehr als ein Dutzend Adivasi getötet worden waren. Weitere Informationen, siehe: Adivasis of Rourkela. Bhubaneswar 2006. Rourkela und die Folgen, Heidelberg 2007.

Überblick

schiedener Appelle haben diese Sitzungen bislang (März 2009) überhaupt nicht stattgefunden.
Die Zwangsumgesiedelten traten bisher grundsätzlich friedlich für ihre Ansprüche ein. Sprecher der Bewegung warnen jedoch, dass mit dieser Hinhaltestrategie die Geduld der Betroffenen zu sehr strapaziert werden könnte... *(Interview VI)*.

5.1.1. Landansprüche und Vermessung des zugewiesenen Landes

Im Mittelpunkt der Anliegen steht weiterhin die vollständige Erfüllung des Versprechens, das enteignete Land in vollem Umfang zu ersetzen. In diesem Zusammenhang weisen Betroffene immer wieder darauf hin, dass die Enteignung ihres Landes immense Einschränkungen für den gesamten Lebensbereich der umgesiedelten Ureinwohner zur Folge hatte und bis heute hat, während Teile ihres ehemaligen Besitzes heute von Außenstehenden in Beschlag genommen wurden *(Interview IX)*.

Neben dem Anspruch auf das versprochene Land steht auch die Forderung nach der immer noch ausstehenden Ausstellung von Landdokumenten in den Umsiedlungsgebieten. Alle Anstrengungen, landwirtschaftlich brauchbare Böden zugewiesen zu bekommen, und um die amtliche Vermessung der verschiedenen Grundstücke haben bisher zu keinen Ergebnissen geführt *(Interview II)*.

> „Vor drei Jahren habe ich mich beim zuständigen Distriktbeamten um eine Stelle beworben und auch einen Antrag auf Landzuteilung gestellt. Mein Antrag wurde abgewiesen mit der unverschämten Bemerkung: „Welches Land wollen Sie denn?" Ich antwortete: „Sie haben die zehn *acre* [etwa vier Hektar] Land, die meinem Vater gehörten, weggenommen. Darauf befand sich unser Haus, unser Brunnen, unsere Felder usw. Ich besitze kein anderes Land. Ich will das Land meines Vaters zurück."
>
> *(Interview V)*

Besonders die älteren Mitglieder der Gemeinschaft benötigen inzwischen auch Hilfe bei der Beantragung der so lange schon ausstehenden Landdokumente, denn sie müssen dazu auch ihre ursprünglichen Landdokumente vorweisen *(Interview VIII)*.
Einige der interviewten Aktivisten unter den Umgesiedelten bewerten die damalige Zwangsenteignung insgesamt als illegal und haben

Überblick

auch bereits mehrere Prozessverfahren initiiert. Dabei stellten sie die Geltung des „Land Acquisition Act" von 1948 in Frage, jenes Gesetzes, das als Grundlage für die in den 1950er Jahren durchgeführte Enteignung der Adivasi diente. Ein weiterer Streitpunkt vor den Gerichten ist die Weiterveräußerung von enteigneten, aber ungenutzt gebliebenen Flächen an Nicht-Vertriebene (siehe folgenden Abschnitt). Diese gerichtlichen Klagen haben jedoch bis heute keine konkreten Ergebnisse erwirken können. Stattdessen wurden die Verfahren zwischen den Gerichten hin und her verwiesen *(Interview VI)*.[18] Dennoch bleibt die Hoffnung bestehen, dass die angestrengten Verfahren einmal zu einem für die Betroffenen positiven Urteil führen werden.

5.1.2. Enteignete und heute ungenutzte Flächen

Dass bei der Errichtung von Industrieanlagen grundsätzlich mehr Land als wirklich erforderlich vereinnahmt wird, ist seit je her gängige Praxis – bis heute. Die in diesem Ausmaß unnötigen Enteignungen in Rourkela jedoch sind der Paradefall im wenige Jahre zuvor erst unabhängig gewordenen Indien. Erst nach Jahren und unter politischem Druck gab das staatliche Stahlunternehmen einen Teil der überschüssigen Flächen zurück, jedoch nicht an die ursprünglichen Eigentümer, sondern an die Regierung von Orissa. Die Landesregierung verwaltet diese Areale wie ihren eigenen Besitz und veräußert sie inzwischen mit enormen Gewinnspannen *(Interview X)*.
Insofern spielen jene Flächen, die in den 1950er Jahren – über den tatsächlichen Bedarf hinaus – enteignet wurden, bis heute jedoch ungenutzt blieben, eine besondere Rolle. Diese ungenutzten Flächen sollten logischerweise an ihre ursprünglichen Besitzer bzw. deren Nachfahren zurückgegeben werden. Doch nicht nur, dass diese Rückgabe an die Adivasi verweigert wird: dieses Land wird inzwischen sogar zu horrenden Grundstückspreisen an Auswärtige veräußert, ohne jegliche Beteiligung der Betroffenen an den Verkaufserlösen! Die Zwangsumgesiedelten empfinden dies als den Gipfel der Ungerechtigkeit *(Interview VI, IX, X)*.

---

[18] Vgl. Adivasis of Rourkela, Bhubaneswar 2006, und 50 Years and More - Struggle for Justice in Rourkela, Bhubaneswar 2010, wo Urteile abgedruckt sind. Zuletzt wurde 2010 eine Klage vom Orissa High Court abgewiesen, welche nun in modifizierter Form beim Supreme Court, dem Obersten Gerichtshof Indiens, vorgebracht werden soll.

Überblick

„Letztlich erklärten sie sich bereit, eine Entschädigung von 200 Rupien pro *acre* [etwa 0,4 Hektar] für *ghoda*-Land [einfaches, unfruchtbares Land der untersten Kategorie] zu zahlen. Heute verkaufen sie dasselbe Land für 100.000 Rupien pro *decimal* [ungefähr 40,47 Quadratmeter], was etwa einem Preis von 10 Millionen Rupien pro *acre* entspricht! Sie verkaufen es an Auswärtige, die sich darauf niederlassen."

(Interview X)

Gegen diesen Verkauf enteigneter Flächen wurde ebenfalls vor Gericht geklagt, jedoch ist der Ausgang des Verfahrens noch unklar.
Nach Schätzungen eines Sprechers der Zwangsumgesiedelten sind etwa drei Viertel des damals enteigneten Bodens gar nicht benötigt worden. Diese befänden sich heute im Besitz von später Zugezogenen *(Interview VI)*.
In der Rückforderung dieses überschüssigen Landes sind sich die Betroffenen durchweg einig. Probleme bereitet jedoch nach wie vor, dass die vormaligen Besitzverhältnisse in vielen Fällen nicht mehr genau ermittelt werden können. Ein Vorschlag seitens der Aktivisten geht daher in die Richtung, zurückerlangtes Land unter den Umgesiedelten von Jalda und Jhirpani aufzuteilen, da die Bewohner der beiden Orte nach der Vertreibung nur äußerst geringe Flächen zum Bau ihrer Häuser erhalten haben *(Interview X)*.
Sogar aus dem zur Verfügung gestellten Land in den Umsiedlungskolonien werden inzwischen – entgegen den gemachten Zusagen – Flächen an Industrieunternehmen vergeben. Als Beleg, dass die Weitergabe des ursprünglichen Adivasi-Landes illegal sei, wird der „Orissa Regulation Act II" von 1956 angeführt, wonach der Besitz von Ureinwohnern oder Stammesangehörigen nicht an Nicht-Stammesangehörige veräußert werden darf *(Interview VI)*.
Auch durch den Bau des Mandira-Staudamms wurden letztendlich weniger Gebiete überschwemmt als ursprünglich vorgesehen. Wie in Rourkela wurde auch beim Mandira-Staudamm überschüssiges Land nicht an die Zwangsumgesiedelten zurückgegeben, sondern die Landesregierung machte mit dessen Verkauf Geschäfte *(Interview X)*. Die betroffene Bevölkerung hat zum Teil erst Jahre nach ihrer Vertreibung erfahren, dass noch Teile ihres ursprünglichen Familienbesitzes existierten. Zu diesem Zeitpunkt – und bereits seit Längerem davor –

Überblick

hatten sich jedoch von auswärts Zugezogene dieses Land angeeignet *(Interview VIII)*.
Darüber hinaus wurden weitere Flächen für den Ausbau der Eisenbahnstrecken nach Hatia/Ranchi (damals Bihar, heute Jharkhand) und nach Barsuan – der Eisenerzmine, von der das Werk in Rourkela beliefert wird – enteignet. Der Bau des Rangier- und Verladebahnhofs in Bondamunda – in der Nachbarschaft des Stahlwerksgeländes – führte zur Enteignung und Vertreibung von weiteren etwa 2.000 Menschen. Dort kam es in den Jahren zwischen 1959 und 1964 zu gewalttätigen Auseinandersetzungen zwischen den vertriebenen Indigenen und den zugezogenen Arbeitern.[19]

5.1.3. Infrastrukturmaßnahmen

Nicht zuletzt geht es für die Zwangsumgesiedelten auch um die Ausstattung der Umsiedlungsgebiete in Bezug auf Verkehrsanbindung, Wasser- und Stromversorgung, medizinische Versorgung und Bildungseinrichtungen.
In manchen Dörfern ist vor allem eine Straßenanbindung erwünscht, was den Transport von Gütern erleichtern würde. Die Anfragen bei den zuständigen Stellen blieben bisher jedoch weitgehend unbeantwortet *(Interview II)*. Immer wieder verweisen die Befragten auf Mängel in allen möglichen Bereichen bis hin zu Bewässerungsmöglichkeiten für die Landwirtschaft. Leidenschaftlich beklagen manche auch die unzureichenden schulischen Ausbildungsmöglichkeiten in den Umsiedlungsgebieten und die damit einhergehenden schlechten Arbeitschancen der Jugendlichen *(Interview V)*.
Medizinische Versorgung ist in den ländlichen Gebieten so gut wie nicht vorhanden. Die hohen Behandlungskosten stellen auch für die Bewohner Rourkelas und der stadtnahen Ortschaften ein Problem dar. Aus diesem Grund werden weitreichende Wünsche artikuliert:

> „Wenn ein Patient in das Ispat General Hospital [das größte und beste Krankenhaus in Rourkela] eingeliefert wird, muss der Betreffende eine hohe Rechnung bezahlen. Ein Zwangsenteigneter kann sich eine solche medizinische Behandlung nicht lei-

---

[19] Vgl. Hörig, Rainer, Adivasi und Industrie – Rourkela: Deutsche Entwicklungshilfe vertrieb 13 000 Adivasi. In: Pogrom Nr. 171: Göttingen, Juni / Juli 1993, S. 22-23.

Überblick

> sten. Das Krankenhaus ist nur für die Reichen gedacht und nicht für Zwangsenteignete. Alle Zwangsenteigneten sollten kostenlos behandelt werden."
>
> *(Interview X)*

5.1.4. Arbeitsplätze im Stahlwerk

In der Anfangszeit waren den Adivasi Arbeitsplätze versprochen worden. Die Nichterfüllung, bzw. Nichteinhaltung der Versprechen wird bis heute als große Ungerechtigkeit empfunden.

Mit Entschiedenheit fordern die zwangsumgesiedelten Adivasi immer wieder, dass Arbeitsplätze im Stahlwerk für sie bereitgestellt werden: für mindestens ein Mitglied jeder Familie, da für viele nach dem Verlust ihres Landes und damit ihrer Existenzgrundlage dies die einzige Verdienstmöglichkeit darstellt *(Interviews II, III, IX)*.

Auch eine ausreichende Ausbildung bietet jedoch bis heute keine Gewähr für eine Anstellung im Stahlwerk:

> „Mein ältester Sohn hat einen Abschluss des ITI [Industrial Training Institute] und sucht jetzt Arbeit, aber bis jetzt hat er noch nichts gefunden. Obwohl er entsprechend qualifiziert ist und die Voraussetzungen [als Angehöriger einer zwangsumgesiedelten Familie] erfüllt, hat er bis heute noch keinen Job im Stahlwerk bekommen."
>
> *(Interview VIII)*

Unabhängig von einer adäquaten Ausbildung sollte nach Meinung einiger Befragter jedem Zwangsumgesiedelten ein Job im Stahlwerk zustehen.

Die mangelnde Qualifikation vieler Vertriebener beruht zum Teil auch auf Versäumnissen, den zwangsumgesiedelten Menschen eine Möglichkeit zur Fachausbildung zu bieten. Die Enttäuschung über die Behörden mündet bisweilen in Verbitterung und dann auch in unrealistischen Forderungen:

> "Da die Regierung nicht dazu bereit ist, uns Arbeitsplätze zu verschaffen, sollte sie uns Entschädigung für die letzten 50 Jah-

Überblick

re zahlen oder uns einfach auf unser altes Land zurück umsiedeln."

(Interview IX)

Auf der anderen Seite ist es auch bei diesem Thema zu Missbrauch gekommen: So ist bekannt geworden, dass vielfach gefälschte Vertriebenen-Zertifikate für in Wirklichkeit Nicht-Vertriebene ausgegeben wurden. Dies zu unterbinden und ausschließlich den tatsächlich Zwangsumgesiedelten und ihren Nachkommen Arbeitsplätze im Stahlwerk zukommen zu lassen, ist daher eine berechtigte Forderung *(Interview X)*.

An der Praxis der Vergabe von Arbeitsplätzen im Stahlwerk zeigt sich ein weiteres Mal die mangelhafte Realisierung der versprochenen Entschädigungsmaßnahmen. Bei einer Gesamtbeschäftigungszahl von rund 40.000 Arbeitern im Jahr 1993 gab es lediglich für etwa 850 Adivasi Jobs im Stahlwerk.[20] Wie viele davon tatsächlich zu den Zwangsumgesiedelten gehörten ist unklar.

5.2. Erwartungen an die deutsche Seite

Die technische und finanzielle Unterstützung von deutscher Seite für Rourkela war gewiss in bester Absicht erfolgt. Dennoch sind im gesamten Verlauf des „Projekts Rourkela" einige gravierende Versäumnisse zu beklagen: Es gab keinerlei vorangehende oder begleitende Untersuchungen zu den möglichen ökonomischen, sozialen und kulturellen Auswirkungen auf die lokale Bevölkerung.[21]

Die Zwangsumgesiedelten sehen sich als Opfer dieser Entwicklung und der Versäumnisse in der Vergangenheit und weisen auch der deutschen Regierung und den beteiligten Unternehmen eine Art moralischer Mitverantwortung zu.

---

[20] Hörig, a.a.O.
[21] Bereits 1963 hatte der deutsche Sozialwissenschaftler Jan Bodo Sperling seine Kritik geäußert: „Zweifellos hätte eine vorherige wissenschaftliche Studie die Schwierigkeiten der Entwurzelung und der Entwicklungsnotwendigkeit der Adivasis aufgezeigt, die aus dem Stammesgefüge des bisherigen Dorfes in eine lokale, nicht mehr stammes- oder sippenmäßig bestimmte Gruppe umgewandelt wurden und damit völlig neue Wege des früher dörflichen, jetzt siedlungsmäßigen Zusammenlebens zu finden haben." (Sperling, a.a.O, S. 48ff.)

Überblick

In dieser Haltung sehen sie sich zudem bestätigt durch die wiederholten Besuche und Recherchen von deutschen Menschenrechtsaktivisten in den letzten Jahren und deren Interesse an der Situation der betroffenen Gemeinschaften. Diese Begegnungen haben auch die Hoffnungen auf konkrete Verbesserungen der Lebensbedingungen in den Umsiedlungsorten genährt *(Interview II)*.[22]
Noch deutlicher sind die Erwartungen und Wünsche an die offizielle deutsche Seite.

5.2.1. Politische Unterstützung der Entschädigungsforderungen

Alle Befragten schätzten die Einflussmöglichkeiten der deutschen Politik auf die indische Regierung oder die örtlichen Behörden in Orissa und den Betreiber des Stahlwerks als sehr hoch ein. Eine Intervention deutscher Stellen würde gewiss die indischen Verantwortlichen zur Durchführung der versprochenen Kompensationsleistungen bewegen. Dazu könnte und sollte – als Teilaufgabe des deutschen Engagements heute – auch gehören, auf eine genaue Untersuchung der enteigneten Landflächen zu drängen, um die lang erwartete Klärung der Besitzverhältnisse endlich herbeizuführen *(Interview VI)*.

Eine besondere Chance zur tatsächlichen politischen und moralischen Hilfe bestünde darin, die bis heute in Rourkela Präsenz zeigende und federführende „Kreditanstalt für Wiederaufbau" (KfW) einzubeziehen und diese dafür zu gewinnen, ihren Einfluss vor Ort ebenso wie auf politischer Ebene geltend zu machen:

> „Schon früher habe ich vorgeschlagen, dass die KfW eine Rechnungsprüfung einrichten soll, um bei der Freigabe von Geldern an SAIL [„Steel Authority of India Limited", die Dachorganisation der staatlichen indischen Stahlwerke, die auch Rourkela betreibt] zu kontrollieren, ob die Beträge ordnungsgemäß verwendet werden. Denn SAIL nimmt das Geld und gibt es sehr großzügig für das Rourkela-Stahlwerk aus. [...]

---

[22] Zuletzt, im März 2010, nahmen mehrere Mitglieder der Adivasi-Koordination an einer großen Konferenz der Zwangsumgesiedelten in Rourkela selbst teil. Vgl. Adivasi-Rundbrief Nr. 38 (April 2010) und "50 Years and More - Struggle for Justice at Rourkela", Proceedings of the Convention of Displaced Persons "Livelihood or Survival" at Nav Jagriti, Kalunga (near Rourkela) on 6th and 7th March, 2010. Bhubaneswar 2010 (beide Dokumente auf www.adivasi-koordination.de).

> **Überblick**

> Wenn sich die deutsche Regierung energisch für die Zwangsumgesiedelten von Rourkela einsetzte, dann müssten sowohl die indische Zentralregierung als auch die Landesregierung von Orissa darauf reagieren..."
>
> *(Interview VI)*

Diese Hoffnung ist nicht völlig aus der Luft gegriffen. Die Bewegungen deutscher Bürger in und um Rourkela werden von den lokalen indischen Behörden genau registriert. Und auch die öffentlich durch Deutsche geäußerte Unterstützung für die Forderungen der Zwangsumgesiedelten werden von den Verantwortlichen wahrgenommen und haben – möglicherweise – zu vereinzelten Aktivitäten oder doch zu einem vorübergehenden Aktionismus geführt. *(Interview III, VII)*

5.2.2. Konkrete Hilfen

Auch direkte Maßnahmen von deutscher Seite in den oder für die Umsiedlungskolonien sind erwünscht und würden ebenso diesem Zweck dienen:

> „Und da die deutsche Regierung auch an den Adivasi interessiert ist, bin ich der Meinung, dass wir unbedingt die deutsche Regierung um eine Intervention bitten sollten. Die deutsche Regierung sollte sich dafür einsetzen, uns Gerechtigkeit zu verschaffen und für eine ordentliche Umsiedelung zu sorgen. Wenn die deutsche Regierung Druck auf die indische Zentralregierung und auch auf die Landesregierung von Orissa ausübt, würde das sicherlich für uns etwas bewirken."
>
> *(Interview VI)*

Die Erwartungen einer direkten entwicklungspolitischen Hilfe durch deutsche Stellen leiten sich daraus ab, dass nach der Bereitstellung sehr großer Geldbeträge für den Aufbau des Stahlwerks auch einige Mittel für Projekte in den Umsiedlungsgebieten aufzubringen sein müssten.

> „Die deutsche Regierung hat eine Menge Geld in die Errichtung der Werksanlage gesteckt. Als Ergebnis davon wurden die

Überblick

Adivasi entwurzelt und vom Land ihrer Vorfahren weggerissen. Es wäre daher angemessen und gerecht, dass die deutsche Regierung den Zwangsumgesiedelten hilft und so ihren guten Willen beweist. Das ist unser Wunsch."

(Interview I)

Überblick

6. Resumé

Es bleibt festzuhalten, dass die Adivasi von Rourkela während und auch nach der Zwangsumsiedlung von ihrem Land immense persönliche und kollektive Leiden erfahren mussten. In der Erinnerung mögen sie ihre ursprünglichen Lebensverhältnisse – vor der Enteignung und Zwangsumsiedlung – idealisiert darstellen. Dennoch kann davon ausgegangen werden, dass dieses frühere Leben für die Betroffenen in ökonomischer und sozialer Hinsicht mit weitaus weniger Schwierigkeiten verbunden gewesen ist als danach und bis in die heutige Zeit.

Der Umsiedlungsprozess selbst sowie die dabei erfahrene Rücksichtslosigkeit und die bisweilen unangebrachte Härte seitens der indischen Verantwortlichen, die unzureichende Informationspolitik und schließlich die Tatsache, dass die meisten gemachten Zusagen bis heute nicht erfüllt wurden, haben bei den Betroffenen nicht nur zu materiellem Verlust geführt, sondern auch zu seelischen Verletzungen und einem anhaltenden Gefühl der Vernachlässigung und Missachtung.

Eine unbestreitbare Folge der Zwangsumsiedlung war der Verlust der gelebten Gemeinschaftskultur und -tradition der Ureinwohner. Infolge des Auseinanderreißens der Gemeinschaft wurden soziale Bindungen und Systeme aufgehoben. Traditionelle Beerdigungsstätten und andere in der Kultur der Adivasi spirituell und rituell bedeutsame Orte wurden für immer zerstört. Es ist unmöglich, solche Stätten einfach zu transferieren. Die tiefe Verwurzelung der Adivasi mit ihrem Land wurde beim Projekt Rourkela überhaupt nicht berücksichtigt. Insoweit hat die Zwangsumsiedlung der verschiedenen Gemeinschaften von Rourkela und dem Gebiet des Mandira-Stausees maßgeblich zur Zerstörung ihrer Kultur und Lebensweise beigetragen. Inwieweit gerade dies auch politisch beabsichtigt war, um etwa die Möglichkeit eines Zusammenschlusses der Betroffenen zur Durchsetzung ihrer Forderungen zu verhindern, bleibt Objekt der Spekulation.

Die Interviews bestätigen, dass die Lebensbedingungen in den neuen Siedlungen in allen Bereichen unzumutbar waren und sind. Der bei weitem geringere Umfang und die überwiegend mindere Bodenqualität der Ackerflächen führten zu einer Einschränkung der landwirtschaftlichen Produktion und damit zu einer Verschlechterung der Ernährungslage. Insgesamt hat sich die ökonomische Situation der von der Zwangsumsiedlung Betroffenen verschlechtert. Die mangelnde in-

Überblick

frastrukturelle Ausstattung der Umsiedlungskolonien, hauptsächlich die unzureichende Wasserversorgung und Straßenanbindung, verstärken dies noch. Das Fehlen von Bildungseinrichtungen, beziehungsweise das Ausbleiben regelmäßigen Unterrichts, verhinderte die Schaffung von Grundlagen einer positiven Entwicklung für die nachkommenden Generationen.

Auch wenn ähnliche Missstände wie die beschriebenen in vielen anderen ländlichen Gebieten in Indien anzutreffen sind, so darf doch eines nicht vergessen werden: Hier wurden ganze Gemeinschaften ohne eigenes Zutun durch die Zwangsumsiedlung von einer bis dahin auskömmlichen Existenz ins völlig Ungewisse gestürzt. Und – wie zum Hohn – waren den enteigneten Ureinwohnern mehrfach Verbesserungen ihrer Situation als Resultat des Stahlwerkbaus in Aussicht gestellt worden.

Dem gesamten Ablauf des Enteignungsprozesses und auch dem Neubeginn in den Umsiedlungsorten waren entweder gar keine oder nur äußerst dürftige Vorbereitungen vorausgegangen. Folgeerscheinungen der psychischen Belastung bei anhaltend schwieriger finanzieller und sozialer Situation waren in der Anfangszeit Erkrankungen und unverhältnismäßig häufige Todesfälle unter den Zwangsumgesiedelten. Die ausgedehnten Friedhöfe vor allem in den entlegeneren Umsiedlungskolonien sind für die Überlebenden eine ständige Erinnerung daran, wie das Elend begann und für den auswärtigen Besucher ein stummes Mahnmal für Fehler und Versäumnisse in der Vergangenheit. Bei der Betrachtung einzelner Schicksale wird erkennbar, dass die Geschehnisse in ähnlicher Weise bis heute wirken. So berichtete eine Interviewte, welche die Zwangsumsiedlung als Kind miterlebt hatte, von ihrer Krebserkrankung, die aufgrund fehlender Finanzmittel nicht adäquat behandelt werden konnte und ihre ohnehin schon prekäre ökonomische Situation noch verschlimmerte *(Interview V)*.

Die Lebensbedingungen in den Umsiedlungskolonien und der Vertriebenen insgesamt haben sich trotz aller Versprechungen über den gesamten Zeitraum nicht grundlegend geändert. Mehr als 50 Jahre nach ihrer Enteignung fordern die Betroffenen noch immer die Erfüllung der einstigen Ankündigungen.

Zwar wurden durch deutsches Know-How und die bilaterale Finanzierungshilfe viele technische Neuerungen bereitgestellt und das Stahlwerk schließlich zu einem wirtschaftlich erfolgreichen Unternehmen aufgebaut, doch hatten die ehemaligen Bewohner Rourkelas in keiner

Überblick

Weise einen Anteil an diesem Erfolg. So erhielt kaum einer der Betroffenen einen der vorher zugesicherten Arbeitsplätze im Stahlwerk. Dies wurde mit ihrer fehlenden Ausbildung begründet, doch es war von den zuständigen Institutionen sehr lange auch nichts unternommen worden, um hier Abhilfe zu schaffen. Erst in jüngerer Zeit hat sich daran ein wenig geändert. Weiter wurden Landflächen nur zu einem Bruchteil und in weitaus geringerer Qualität als zuvor versprochen an die Betroffenen vergeben. Und auch die angekündigte infrastrukturelle Ausstattung der Umsiedlungskolonien wurde nicht annähernd umgesetzt.

Die Verantwortung für die untragbaren Zustände, vor allem direkt nach der Zwangsumsiedlung, aber auch in den nachfolgenden Jahrzehnten, kann vorrangig den zuständigen indischen Behörden zugeschrieben werden. Die Ignoranz der verantwortlichen Stellen dürfte in Zusammenhang stehen mit einer auch heute noch in Indien vorherrschenden Einstellung gegenüber der Adivasi- und Dalit-Bevölkerung, welche von der Jahrhunderte lang praktizierten Diskriminierung und Ausbeutung dieser Bevölkerungsgruppen geprägt ist und welche diesen gesellschaftlich Benachteiligten die Anerkennung der Bürgerrechte zum Teil bis heute verweigert.

Festzuhalten bleibt außerdem, dass schon in den frühen Jahren auch von deutscher Seite Versäumnisse bei der Planung und bei den Fehlentwicklungen im weiteren Fortgang moniert worden waren. Die Erkenntnisse und Initiativen des deutschen Sozialwissenschaftlers Jan Bodo Sperling blieben jedoch ohne Folgen für das weitere Verhalten der beteiligten deutschen Stellen – von der fortgesetzten Missachtung der Rechte der Adivasi ganz zu schweigen...

Für das erst Jahrzehnte später initiierte sogenannte Umlandentwicklungsprogramm („Periphery Development Programme", PDP) stellte die weiterhin mit dem Projekt Rourkela befasste deutsche KfW Finanzmittel zur Verfügung und gab dazu auch konzeptionelle Anstöße. Doch solche Initiativen hätten bereits zu einem viel früheren Zeitpunkt realisiert werden müssen. Auch zeigen die Aussagen der Gesprächspartner, dass die jetzigen Bemühungen im Rahmen dieses PDP keineswegs ausreichend sind. Zudem sollte dringend offengelegt werden, welche Beträge im Rahmen des PDP zur Verfügung stehen, für welche Maßnahmen im Einzelnen sie vorgesehen sind und wie sie tatsächlich bisher verwendet wurden. Es stehen Vorwürfe im Raum, die Gelder würden zweckentfremdet und nicht vollständig für die vor-

Überblick

gesehene Umlandentwicklung verwendet. Sowohl die Stahlwerksleitung als auch die KfW verweigern bisher genaue Auskünfte dazu. Die zwangsumgesiedelten Adivasi von Rourkela und dem Gebiet des Mandira-Stausees aber fordern Transparenz in dieser Sache und – wenn nötig – korrigierende Maßnahmen, um nicht ein weiteres Mal als Betrogene da zu stehen. Und sie erhoffen sich darüber hinaus auch Unterstützung von deutscher Seite: politisch – in Form einer Intervention der KfW bei den verantwortlichen indischen Stellen, und praktisch – durch tatsächliche Umlandentwicklungsmaßnahmen, an deren Planung, Ausführung und Überwachung sie maßgeblich beteiligt sind.

Die Betroffenen haben konkrete, detaillierte Forderungen. Dabei dürfen sie nicht als bloße Bittsteller betrachtet werden. Ihnen wurden vor Jahrzehnten Versprechungen gemacht, die zum großen Teil bis heute nicht erfüllt sind. Die Adivasi von Rourkela wollen nicht mehr als ihre legitimen Ansprüche sowie ihr durch die Verfassung verbrieftes Selbstbestimmungsrecht verwirklichen. Zugegebenermaßen ist heute das Anliegen, für jedes Mitglied einer Familie eine Arbeitsstelle im Stahlwerk zur Verfügung zu stellen, real kaum umsetzbar, denn die Beschäftigungszahlen des Stahlwerks sind seit Jahren rückläufig. Jedoch wäre die Rückgabe der überschüssigen und ungenutzten Landflächen ein durchaus realisierbarer Schritt.

Bei den Erwartungen an die deutsche Seite geht es nicht primär darum, weitere Geldmittel aus Deutschland einzufordern, sondern darauf hinzuwirken, dass die bereits vorhandenen Mittel bestimmungsgemäß und in transparenter Weise eingesetzt werden. Die Betroffenenorganisationen sind dazu die wichtigsten Partner, deren Arbeit Anerkennung und Unterstützung verdient.

Im Wortlaut

Vorbemerkungen

1. Zu Forschungshintergrund und -methodik

Die Autoren arbeiten seit längerem in der Adivasi-Koordination in Deutschland e.V. (AKD) mit und nahmen auch an der Konferenz „Rourkela und die Folgen – 50 Jahre deutsch-indische Entwicklungszusammenarbeit" 2006 in Königswinter teil. So fand bereits im Vorfeld des Forschungsaufenthalts eine intensive Beschäftigung mit der Thematik der Vertreibung durch das Stahlwerk Rourkela statt.
In Absprache mit den indischen Partnern in diesem Projekt[23] wurde im Frühjahr 2008 ein quantitativer Fragebogen erarbeitet, der ins Oriya übersetzt wurde und dazu dienen sollte, potentielle Interviewpartner zu ermitteln. Weiter wurde für die geplanten Interviews ein Leitfaden zur Erhebung qualitativen Datenmaterials entwickelt.[24] Für die Untersuchung erschienen qualitative Interviews am besten geeignet, da diese in ihrem Zugang zum Thema häufig offener als quantitative Methoden sind und dadurch einen näheren Bezug gewährleisten, sowie individuelle Sichtweisen der Befragten berücksichtigen.[25] Für ein qualitatives Forschungsverfahren sprach zudem, dass es bisher keine wissenschaftlichen Untersuchungen über die Zustände und Lebensverhältnisse in den zum Teil sehr weit ab von Rourkela gelegenen Umsiedlungsgebieten gibt.
Der zweimonatige Forschungsaufenthalt in Indien fand vom 20. Januar bis 19. März 2009 statt. Der standardisierte Fragebogen konnte aufgrund zeitlicher und organisatorischer Schwierigkeiten auf Seiten der indischen Partner nicht vorab verteilt und ausgewertet werden, sondern wurde teilweise erst während der Besuche in den Umsied-

---

[23] Fr. Celestine Xaxa, katholischer Priester, Anwalt und Unterstützer der Organisation der Zwangsumgesiedelten von Rourkela; Nabor Soreng, Leiter der Abteilung „Kommunikation" der Organisation NISWASS (welche der Universität in Bhubaneswar, Orissa assoziiert ist); Bijay Soreng, Leiter des „Gangpur College of Social Work" in Rajgangpur.
[24] Dies geschah im Rahmen eines Kolloquiums im Fachbereich Sozialwesen an der Universität Kassel, bei dem die Studierenden sich gegenseitige Hilfestellung bei der Auswertung qualitativen Datenmaterials geben und dabei von der Dozentin Maren Bracker in den jeweiligen Forschungsprojekten unterstützt und begleitet werden.
[25] Vgl. Flick, Uwe; Ernst von Kardorff; Ines Steinke: Qualitative Forschung – Ein Handbuch, Rowohlt, Hamburg, 2000, S. 17.

Im Wortlaut

lungsgebieten und danach ausgegeben.[26] Der Leitfadenentwurf wurde mit den indischen Projektpartnern diskutiert und die endgültige Auswahl der zu besuchenden Umsiedlungskolonien und der Interviewpartner unter Berücksichtigung von regionaler Verteilung, Alter und Geschlecht festgelegt.

Insgesamt wurden 20 Interviews in verschiedenen Umsiedlungskolonien (Lachhada, Kendro, Ulandajharan, Ushra, Bankibahal, Jaidega A und B, Jhandarpahar, Jalda A, B, C, Jhirpani und Bondamunda) durchgeführt. Befragt wurden Betroffene der ersten Generation, welche die Umsiedlung direkt miterlebt hatten, darunter auch Aktivisten der Widerstandsbewegung sowie Personen der zweiten und dritten Generation, die zur Zeit der Zwangsumsiedlung noch Kinder waren oder bereits in den Umsiedlungskolonien geboren wurden. Als Übersetzer aus dem Hindi, Sadri und Oriya fungierten in erster Linie der indische Projektpartner Fr. Celestine Xaxa sowie zwei pensionierte Lehrer. Die Gespräche wurden auf Tonband aufgezeichnet und anschließend transkribiert.

Mitunter gestaltete sich die Kontaktaufnahme mit den Betroffenen schwierig, da in den teilweise weit abgelegenen Umsiedlungsgebieten keine vorherige Ankündigung des Besuchs möglich war und daher einige der Interviews spontan geführt werden mussten. Gelegentlich waren auch nur zusammenfassende Übersetzungen der Gespräche möglich. Am Ende wurden zwölf gezielt ausgewählte Befragungen in der Analyse genauer berücksichtigt, von denen vier in Englisch und die übrigen acht in Sadri und Oriya stattgefunden hatten.[27]

2. Zu den Aussagen der Interviewten im Wortlaut

Nachfolgend präsentieren wir zwölf Übersetzungen in gestraffter, geringfügig bearbeiteter Form. Die Sichtweisen und Beurteilungen, die darin abgegeben werden, sind untereinander nicht ganz übereinstim-

---

[26] Es ist geplant, die Ergebnisse der quantitativen Befragung und die daraus ermittelten statistischen Daten in einer eigenständigen Publikation zugänglich zu machen.

[27] Als Erhebungs- und Analyseverfahren wurden „das problemzentrierte Interview" nach Witzel bzw. die „Grounded Theory" nach Glaser und Strauss ausgewählt.
Witzel, Andreas: Verfahren der qualitativen Sozialforschung – Überblick und Alternativen, Frankfurt / Main, New York, Campus Verlag, 1982.
Glaser, Barney G.; Anselm L. Strauss: Grounded Theory – Strategien qualitativer Forschung[1967], aus dem Amerikanischen von Axel T. Paul und Stefan Kaufmann, Hans Huber Verlag, Bern, 1998

Im Wortlaut

mend und bisweilen auch in sich selbst nicht ganz stimmig. Dies mag im Einzelfall an der betreffenden Person selbst liegen oder sich durch Hörfehler oder Übersetzungsfehler über die verschiedenen Stufen der Textbearbeitung eingeschlichen haben. Es darf nicht vergessen werden, dass diese Originalaussagen nur unter großen Schwierigkeiten überhaupt aufgenommen werden konnten und dann von mehreren Personen nacheinander verarbeitet wurden. In der endgültigen deutschen Fassung haben wir inhaltlich nichts verändert, sondern im wesentlichen nur auf Lesbarkeit und Verständlichkeit geachtet.

Vor diesem Entstehungshintergrund betrachtet, halten wir dies für eine einzigartige, wertvolle Sammlung von Originalaussagen der Opfer des sogenannten Fortschritts. Sie besitzt exemplarischen Charakter für eine Neubewertung des Industrialisierungsprozesses in Indien oder auch in anderen Schwellenländern.

Diese Personen haben als Kinder, Jugendliche oder Erwachsene die Enteignung und Zwangsumsiedlung von Rourkela und aus dem Gebiet des Mandira-Stausees erlebt oder haben auch als Angehörige der zweiten und dritten Generation noch heute unter den dramatischen Veränderungen von damals zu leiden. Sie legen Zeugnis ab über ihr Leben und den fortwährenden Kampf um die Anerkennung ihrer Rechte und um Teilhabe an den Errungenschaften des modernen, demokratischen Indien.

3. Ausgewählte sozialwissenschaftliche Fachliteratur[28]

Flick, Uwe; Ernst von Kardorff; Ines Steinke:
 Qualitative Forschung – Ein Handbuch. Rowohlt, Hamburg 2000.
Glaser, Barney G.; Anselm L. Strauss:
 Grounded Theory – Strategien qualitativer Forschung [1967]. Aus dem Amerikanischen von Axel T. Paul und Stefan Kaufmann. Hans Huber Verlag, Bern 1998.
Walker, W. Richard; John J. Skowronski; Charles P. Thompson:
 Life is pleasant – and memory helps to keep it that way! In: Review of General Psychologie, Volum 7, 2003, o.O.
Witzel, Andreas:
 Verfahren der qualitativen Sozialforschung – Überblick und Alternativen. Campus Verlag, Frankfurt/Main, New York 1982.

---

[28] Literaturangaben zum Thema „Rourkela" sind vollständig in den jeweiligen Fußnoten dokumentiert. Siehe auch Seite 8, Fußnoten 1 und 2.

Im Wortlaut

I.

**Herr Habil Lomga
aus der Umsiedlungskolonie Lachhada,
rund 80 Kilometer von Rourkela entfernt,
aufgenommen am 4. Februar 2009:**

Als man das Stahlwerk in Rourkela plante, benötigte man Wasser für die Stahlproduktion. Zu diesem Zweck wurde der Mandira-Staudamm gebaut.
Damals waren die Menschen, die am Ufer des Flusses lebten, Analphabeten und ohne Schulbildung. Sie taten das, was ihnen die Regierungsbeamten befahlen. Pandit Jawaharlal Nehru und der Abgeordnete Jaipal Singh reisten in die Region, um das Vorhaben zu erklären und die Leute zu überreden. Pandit Nehru blieb in Rourkela, doch Jaipal Singh kam in das Dorf Laikera und hielt dort eine Versammlung ab. Dabei erklärte er, dass es für die Entwicklung des Landes und des betroffenen Gebietes notwendig sei, das Stahlwerk in Rourkela zu bauen, und dass man dafür den Mandira-Staudamm errichten müsse. Die Dorfbewohner sollten sich also nicht gegen das Projekt stellen. Zwar würden ihr Land und ihre Häuser überflutet, aber es gebe keinen Grund zur Beunruhigung: man werde ihnen „Land für Land" geben und auch Häuser bereitstellen.
Die Menschen waren Analphabeten und konnten ihre Zukunft nicht voraussehen. Sie glaubten, was man ihnen versprach. Unsere Väter verstanden nicht, was mit ihnen passieren würde. Die Bauarbeiten begannen unverzüglich. Im Februar 1958 wurden die Bewohner des Dorfes Kantabera ohne Vorwarnung zwangsumgesiedelt. Erst nachdem man sie bereits gewaltsam aus ihrem Dorf entfernt hatte, wurde ihnen eine offizielle Mitteilung über die Zwangsumsiedlung zugestellt, so dass den Dorfbewohnern keine Möglichkeit blieb, juristisch Widerspruch einzulegen oder Widerstand zu leisten.
Am 8. Februar 1958 wurden die Bewohner des Dorfes Kantabera mitsamt ihrem Hab und Gut auf Lastwagen verladen und in den Wald von Lachhada im Unterbezirk von Bonai gebracht. Der Dschungel von Lachhada gehörte dem Staat, und man hat-

Im Wortlaut

I.

te schon einige Hütten für die Neuankömmlinge vorbereitet. Allerdings gab es in der Umgebung kein Trinkwasser, weshalb man die Menschen zunächst in einem Dorf namens Kondeidiha unterbrachte, das auch nur über einen einzigen Teich verfügte. Als jedoch mehr und mehr Vertriebene in jenem Dorf zusammenkamen, wurden einige von ihnen nach Lachhada gebracht, wo man zwei Brunnen grub. Die Menschen begannen sich anzusiedeln, aber bald schon waren etwa 300 Familien in Lachhada von akutem Wassermangel bedroht. Es fehlte ihnen jegliche Existenzgrundlage. Die Regierung wies uns an, zuerst den Dschungel zu roden. Jeden Tag fällten wir daraufhin Bäume und rodeten den Dschungel.

Wir wurden als „Displaced Persons", d.h. als Zwangsenteignete, in die Region gebracht, aber wir arbeiteten dort wie Sklaven. Im März versiegte der Brunnen, und wir hatten kein Trinkwasser mehr. Wir beschwerten uns beim zuständigen Beamten wegen der Wasserknappheit, woraufhin dieser von Kondeidiha große Fässer mit Lastwagen anliefern ließ. Das Wasser stammte aus einem verschmutzen Teich und wurde nun an jede Familie verteilt. Jeden Tag erhielten wir auf diese Weise abends Wasser aus diesem Teich. Durch das verseuchte Wasser traten bald Krankheiten wie Cholera, Durchfall und Windpocken auf, an denen viele Menschen starben. Nacheinander fielen sie den Infektionen zum Opfer.

Weil die umgesiedelten Menschen sehr verängstigt waren, hielten viele von ihnen es dort nicht mehr aus und suchten Schutz bei Verwandten in der alten Heimat. Diejenigen, die nicht zurück gehen konnten, siedelten trotz aller Schwierigkeiten weiter in Lachhada. Es war ein großer Verrat, der hier von Seiten der Regierung begangen wurde. Einige Regierungsbeamte hatten den Auftrag, in Lachhada zu bleiben, um die Leute dort zu beaufsichtigen, aber wir hatten keinen Nutzen von ihrer Präsenz. Ich will es Ihnen noch einmal sagen: Wir mussten sehr viel ertragen an diesem Ort, besonders durch den Trinkwassermangel, das Fehlen von Geschäften, Bildungseinrichtungen, ordentlichen Verkehrsverbindungen usw. Wir begannen also selbst mit dem

Im Wortlaut

I.

Aufbau einer Grundschule für unsere Kinder. Die Schule wurde später von der Regierung anerkannt, und dann gründeten wir eine Mittelstufenschule für die Kinder, die von uns selbst in Eigenregie geführt wurde. Sie wurde von der Regierung ebenfalls anerkannt, und wir begannen mit dem Betrieb einer privaten Oberschule, wiederum in unbezahlter Eigenarbeit und ohne Hilfe der Regierung. Mit der Zeit wurde auch die Oberschule von der Regierung anerkannt und in das staatliche Schulsystem eingegliedert. Ursprünglich hatte die Regierung versprochen, für uns eine Oberschule bereitzustellen; da jedoch die Regierung dieses Versprechen nicht einlöste, mussten wir die Initiative ergreifen – wir, die Zwangsenteigneten selbst.

Auch zum Thema Gesundheitsfürsorge möchte ich noch etwas sagen. Als unsere Leute krank wurden, war das ein großes Problem für uns, denn es standen keine Medikamente zur Verfügung. Wir informierten die Regierungsbeamten in Bonai über die katastrophale medizinische Lage der Vertriebenen. Die zuständigen Beamten reisten an, um die Kranken zu begutachten, aber als sie sahen, wie viele Leute bereits an diversen und auch ansteckenden Krankheiten litten, bekamen sie es mit der Angst zu tun und wollten sich niemandem mehr nähern. So reisten sie unverrichteter Dinge wieder ab. Da wir nicht zur alteingesessenen Bevölkerung zählten, kümmerten sie sich nicht um die Bitten, die wir an sie richteten, und lehnten es ab, jegliche Verantwortung zu übernehmen. Sie überließen uns nur die Medikamente, die sie aus Bonai mitgebracht hatten, jedoch erklärte uns niemand deren Anwendung, und wir verteilten sie unter den Kranken ohne Anleitung durch einen Arzt oder Apotheker. Vom ersten Tag unserer Ansiedlung bis heute hat man für uns keine medizinischen Einrichtungen bereit gestellt. Unser Gebiet wird lediglich von einer Hilfskrankenschwester betreut, die auch Hebamme ist; eine medizinische Grundversorgung gibt es nicht. Ernsthaft erkrankte Patienten werden zur Behandlung in weit entfernte Zentren wie Gurundia, Bonai oder Rourkela gebracht. Und arme Leute wie wir haben eine Menge Gesundheitsprobleme.

Im Wortlaut

I.

Auch was das Land betrifft, möchte ich noch etwas sagen. Die Regierung hatte uns „Land für Land" versprochen. Also hofften wir, am neuen Siedlungsort fruchtbaren Boden vorzufinden, aber zu unserer Überraschung erhielten wir steiniges, unfruchtbares und unproduktives Land. Die gesamte Gegend ist hügelig und mit Steinen übersät, was es uns unmöglich machte, das Land zu bebauen. Wenn die Leute nichts zu essen haben, woher sollen sie die Kraft nehmen, das Land für den Ackerbau herzurichten? Auf diese Weise quälten sich die Leute sehr hart und sehr lange ab, bis die Felder endlich bestellt waren. Mit jedem Tag, an dem sie das Land nicht zum Ackerbau nutzen konnten, wurden unsere Leute ärmer und ärmer. Aber kein Regierungsbeamter war daran interessiert, sich dieser bedürftigen Menschen anzunehmen. Völlig vernachlässigt und allein gelassen, versanken die Leute in ihrer eigenen Hilflosigkeit.
Über Arbeitsplätze will ich Ihnen auch noch etwas erzählen. Die Regierung hatte versprochen, jedem registrierten Bewohner der Siedlung eine Anstellung im Stahlwerk zu verschaffen, aber das war ein groß angelegter Schwindel, und anfangs bekam niemand einen Job. Erst als wir uns immer wieder beschwerten, erhielten einige der Zwangsumgesiedelten unter großen Schwierigkeiten eine Anstellung im Stahlwerk, allerdings auch nur in Einzelfällen. Diejenigen, die eine Anstellung fanden, waren dann in der Lage, ihre Lebensumstände und die ihrer Familien etwas zu erleichtern. Sie schafften es, ihre Felder zu bestellen, sie bauten Häuser, kümmerten sich um ihre Familien und sicherten sich ein besseres Leben.
Die Leute, die im Stahlwerk Arbeit gefunden hatten, sprachen immer wieder bei Regierungsvertretern vor, um auf die erbärmlichen Zustände in der Siedlung aufmerksam zu machen, aber niemand hörte uns zu. Sie hielten uns hin und gaben unsere Beschwerden nie an höhere Stellen weiter. Unsere Lebensumstände verbesserten sich nie.
Für uns gab es keine Straße, kein Trinkwasser, keinen Teich oder Brunnen, um uns zu waschen. Als wir uns beschwerten, wurde ein Brunnen gegraben – und wir mussten noch dabei mithelfen.

Im Wortlaut

I.

Wir waren gezwungen, als Tagelöhner zu arbeiten, da wir keine andere Erwerbsquelle hatten.
Manche Leute hatten unter diesen Bedingungen große Schwierigkeiten, ihre Familien zu ernähren, weshalb sie ein weiteres Mal gezwungen waren, ihr Dorf zu verlassen und andernorts ein Auskommen zu finden. Einige gingen nach Rourkela und in andere Orte, um für Bauunternehmen als Tagelöhner zu arbeiten; das half ihnen, sich einigermaßen über Wasser zu halten und ihre Familien zu ernähren.
Trotz aller Schwierigkeiten und Entbehrungen verstanden sich die Vertriebenen der Umsiedlungskolonie von Lachhada als eine Gemeinschaft, die sie schützten und pflegten. Sie arbeiteten miteinander und halfen sich gegenseitig, um das gemeinsame Überleben zu sichern.
Die Regierung hatte uns eine Entschädigung auf der Grundlage „Haus gegen Haus" zugesagt, aber auch dieses Versprechen wurde nie eingelöst. Stattdessen bekam jede Familie 200 Rupien, und wir erhielten die Anweisung, mit dem Geld unsere eigenen Häuser zu bauen. Es lag also alles in unserer eigenenHand, in Gemeinschaftsarbeit und mit gegenseitiger Hilfe unsere Häuser selbst zu bauen und unsere Felder selbst zu bestellen. Bis heute haben wir unseren Gemeinschaftssinn, unsere innige Verbundenheit und Bereitschaft zur gegenseitigen Unterstützung bewahrt. Ohne diesen Zusammenhalt hätten wir nicht überlebt. Die meisten von uns sind Adivasi, und es entspricht unserem Brauchtum und unserer Kultur, in einer Gemeinschaft zu leben. Wir haben diese Kultur beibehalten.
Die heutige Generation hingegen läuft Gefahr, ihren Zusammenhalt zu verlieren. Ohne gute Schulbildung können unsere Kinder nicht mit anderen Gleichaltrigen mithalten. Unsere Lebensqualität ist weiterhin unterdurchschnittlich. Die Regierung hätte uns helfen können, unseren Lebensstandard zu verbessern, aber leider interessiert sich niemand für uns. Entsprechend sieht es auch in allen anderen Bereichen des täglichen Lebens aus. Wir fristen ein menschenunwürdiges Dasein.
Über 50 Jahre sind vergangen, seit man uns hier ansiedelte.

Im Wortlaut

I.

Während dieser gesamten Zeit lebten die Bewohner der Neuansiedlung in Dunkelheit, weil es keine Elektrizität gab. Vor einiger Zeit wurden Leitungen verlegt, aber diese sind bis heute noch nicht an das Stromnetz angeschlossen. Die Leute warten noch immer auf elektrisches Licht. Wir hoffen weiterhin, dass die Regierung von Orissa und auch die Betreiber des Stahlwerks in Rourkela eine gute Straße bis zu unserer Siedlung bauen lassen. [...] Wir verlangen, dass eine geteerte Straße gebaut wird und dass eine Trinkwasserversorgung eingerichtet wird, also etwa mehr Brunnen gegraben und auch ein Tiefbrunnen gebohrt werden. Bis heute benutzen wir den von uns selbst, eigenhändig gegrabenen Brunnen, aber die Wassermenge ist nicht ausreichend. Unseren Leuten könnte es besser gehen, wenn die Regierung uns mit sauberem Wasser versorgen würde, so wie wir es verlangen. [...]

Abschließend möchte ich noch sagen, dass ehrenamtlich Tätige und Menschenrechtsaktivisten aus Deutschland uns regelmäßig besuchen, um die Situation der Zwangsenteigneten zu dokumentieren. Sie haben alle Umsiedlungskolonien besucht und Befragungen in diesen Gebieten durchgeführt. Sie kennen die wahren Lebensumstände der Vertriebenen. Es ist daher unsere bescheidene Bitte an sie, sich der Sache persönlich anzunehmen und die notwendigen Schritte zur Entwicklung der Umsiedlungskolonien zu unternehmen. Wir erwarten von ihnen außerdem Vorschläge, wie wir selbst unsere eigenen Lebensbedingungen verbessern können.

Die deutsche Regierung hat eine Menge Geld in die Errichtung der Werksanlage gesteckt. Als Ergebnis davon wurden die Adivasi entwurzelt und vom Land ihrer Vorfahren weggerissen. Es wäre daher angemessen und gerecht, dass die deutsche Regierung den Zwangsumgesiedelten hilft und so ihren guten Willen beweist. Das ist unser Wunsch.

Im Wortlaut

II.

**Herr John Purty
aus der Umsiedlungskolonie Ushra,
rund 20 Kilometer von Rourkela entfernt,
aufgenommen am 3. Februar 2009:**

Ich bin 60 Jahre alt. Mein Heimatdorf war Kantabera. Hierher [nach Ushra] kamen wir im April des Jahres 1957. Als wir ankamen, sahen wir, dass man ganz nahe am Berghang schon einige Hütten in einer Linie nebeneinander aufgestellt hatte, die eine Anzahl von Familien aufnehmen sollten. Nach einem Jahr war der Wald gerodet, und wir bezogen die so freigemachte Fläche. Am Anfang hatten wir eine Menge Probleme. Während der Regenzeit wurden die Dächer undicht, und wir konnten nachts nicht schlafen. Wir fürchteten uns vor Schlangen, Skorpionen und anderen wilden Tieren. Es gab keine Schirme oder sonstige Materialien, um unser Getreide und andere Lebensmittel abzudecken. Das Ergebnis war, dass alles verdarb.
Nach einem Jahr wurden wir umquartiert. Der neue Siedlungsplatz war wiederum dicht bewachsener Wald. Wir fällten die Bäume und entfernten das Buschwerk. Die Regierung transportierte die großen Baumstämme ab, während wir das Gebiet freiräumten und aus den kleineren Bäumen unsere Häuser bauten. Man sagte uns, die Regierung würde an jede Familie einen Zuschuss von 500 Rupien zur Errichtung von Häusern auszahlen. Dies geschah, als ich acht Jahre alt war. Nur sehr langsam bauten unsere Eltern provisorische Lehmhütten; wer es sich leisten konnte, baute mit Backsteinen. Diese Gebäude waren dann recht solide und wurden zum Schutz vor Regenwasser verputzt. Erst im dritten Jahr waren die Arbeiten beendet, und die Häuser konnten bezogen werden.
Die Regierungsbeamten kamen und zeigten uns lediglich das ungefähre Gebiet und die Lage der für uns vorgesehenen Flächen, und sie wiesen uns an, alle diese ohne jegliche Grenzziehung oder genauere Bestimmung einfach in Besitz zu nehmen. Das zugewiesene Gelände war Waldgebiet, das wir erst für die landwirtschaftliche Nutzung herrichten mussten. Unsere Eltern

Im Wortlaut

II.

haben sich nie um das ihnen zugeteilte Stück Land gekümmert, denn wir wussten gar nicht genau, um welches Land es sich dabei eigentlich handelte.

Die Leute erhielten die Zusicherung, dass man ihnen „Land für Land" geben werde, Arbeitsplätze für jede Familie, Elektrizität, Straßen, Schulen, Vereinsräume und andere Einrichtungen. Sie würden keine Probleme damit haben, sich ihren Lebensunterhalt zu erarbeiten. In den kommenden Jahren würde man Bewässerungsanlagen für die Landwirtschaft bauen. Außerdem sagte man jeder Familie einen Arbeitsplatz im Rourkela-Stahlwerk zu. Aber bis heute haben die meisten Familien keinen Arbeitsplatz erhalten. Nur einige wenige Opfer der Zwangsumsiedelung wurden überhaupt eingestellt.

Die Regierung hat versprochen, jeder Familie Land zuzuteilen und uns dafür Landdokumente auszustellen. Aber bis heute haben wir keine Landdokumente erhalten, und die zugewiesenen Flächen sind zu klein, um darauf etwas anzubauen. Die für die Landverteilung zuständigen Beamten hatten versprochen, die Grundstücksgrenzen für jede Familie festzulegen und die Landdokumente auszuhändigen, aber wir haben nicht genügend Land für unsere Landwirtschaft erhalten und auch keine Landdokumente. Man hat uns einfach etwas vorgemacht und uns betrogen. Man versprach uns außerdem 500 Rupien für das Einebnen des Landes, aber bis jetzt hat niemand dafür Geld bekommen. Die Leute bauten sich Häuser und legten Felder an – ohne jegliche Hilfe der Regierung.

Die Regierung hatte uns versprochen, alles für die Bewässerung und Stromversorgung im Zeitraum von einigen Jahren bereitzustellen, aber die Leute haben nichts davon erhalten. Zwar wurde Elektrizität geliefert, aber die Kosten waren so hoch, dass niemand die Stromrechnung bezahlen konnte, und so konnten wir auch keine Bewässerungsanlagen betreiben. Wir hatten eine Motorpumpe zur Bewässerung, aber sie fiel nach einiger Zeit aus, und jetzt gibt es in der gesamten Ushra-Neusiedlung keine einzige Bewässerungsmöglichkeit mehr. Als wir die zuständigen Behörden darauf aufmerksam machten, war die Antwort: „Da

Im Wortlaut

II.

ihr eure Stromrechnung nicht bezahlt habt, stehen euch auch keine weiteren Bewässerungsanlagen zu." Das ist die größte Schwierigkeit, die wir im Hinblick auf die Bewirtschaftung unseres Landes zu bewältigen haben.
Ein großes Problem in unserer Siedlung ist die medizinische Versorgung. Seit man uns im Jahr 1957 hier neu ansiedelte, sind für uns keine medizinischen Einrichtungen geschaffen worden. Bis heute gibt es kein Krankenhaus, keine Apotheke und auch keine Gesundheitsstation. Wenn jemand von uns krank wird, sind keine Medikamente zur Hand. Viele sind bereits gestorben, weil sie nicht rechtzeitig behandelt werden konnten. Wir sind von Flüssen umgeben, und der Sankh-Fluss zwingt uns zu langen Umwegen bis zum nächsten Krankenhaus. Wir haben keine vernünftige Straßenanbindung, um Kranke in ein Krankenhaus zu bringen.
Am Anfang gab es in unserer Gegend keine Schule, aber dank der Unterstützung des Dorfrats haben wir jetzt eine staatliche Schule für unsere Kinder. Anfangs hatten wir einen Brunnen, der nicht fertiggestellt wurde, und so bereitete uns die Trinkwasserversorgung große Probleme. Ungefähr vier Jahre lang bezogen wir unser Wasser aus dem Stausee, das aus hygienischen Gründen zum Trinken gar nicht geeignet war. Hier zeigt sich die völlige Gleichgültigkeit der Regierung, wenn es um unsere Belange geht. Schließlich beriefen die Dorfbewohner eine Versammlung ein und beschlossen, einen Brunnen zur gemeinschaftlichen Nutzung zu graben. Durch diesen Brunnen waren wir dann in der Lage, weitere Häuser zu bauen. Den Brunnen selbst nutzen wir als Trinkwasserquelle und um uns zu waschen. [...]
Zu Beginn gab es bei uns auch keine Straße. Seit acht Jahren haben wir nun eine ungeteerte Straße. In den letzten 50 Jahren hat uns die fehlende Straßenanbindung sehr viele Schwierigkeiten bereitet. Vierzig Jahre lang hatten wir überhaupt keine Straße, und der jetzt angelegte matschige Weg entspricht nicht unseren Bedürfnissen, schon gar nicht in der Regenzeit. [...]
Was die Arbeitsmöglichkeiten betrifft, bin ich der Meinung, dass alle Zwangsumgesiedelten einen Job bekommen sollten. Nur

Im Wortlaut

II.

wenige Vertriebene wurden von der Stahlwerksleitung tatsächlich eingestellt. Diese sind mittlerweile im Rentenalter, und die gegenwärtige Generation leidet sehr unter der hohen Arbeitslosigkeit. Dagegen haben Auswärtige, die sich mit gefälschten Papieren als Zwangsumgesiedelte ausgaben, Arbeitsplätze erhalten. Manche Leute von außerhalb beschafften sich von den Behörden Dokumente, die sie als Zwangsumgesiedelte auswiesen, und sie wurden dann mit der Hilfe der Stahlwerksleitung eingestellt. Dieses schmutzige Spiel treiben sie schon seit einiger Zeit, und die tatsächlichen Zwangsumgesiedelten werden um ihr Recht auf Arbeit gebracht.

Wir haben die zuständigen Behörden um den Bau einer Teerstraße gebeten, aber bis heute ist unsere Bitte nicht erfüllt worden. Wir haben mit großen Problemen zu kämpfen, weil es so gut wie keine Verkehrsanbindung gibt. Wir haben keine Möglichkeit, schwere oder große Materialien in unser Dorf zu holen: Das Gelände ist einfach zu unwegsam. Um etwas von Rourkela nach Ushra zu bringen, muss man sehr große Umwege machen, so dass wir dafür zusätzlich Geld ausgeben müssen.

Die Regierung hat für uns auch keine öffentlichen Einrichtungen geschaffen, um uns zu waschen. Wir müssen zum Mandira-Stausee gehen, der ungefähr fünf Kilometer von unserem Ort entfernt ist. Die Behörden sagen, wir hätten den Stausee in unserer Nähe und sollten dorthin gehen, um uns zu waschen. Deshalb sei in unserer Siedlung selbst kein Teich nötig. Unsere Kinder leiden, weil es keinen richtigen Spielplatz gibt. Dort, wo sie früher spielen konnten, befindet sich jetzt die neue Schule mit Wohnheim. Der Spielplatz unseres Jugendclubs ist lediglich ein Provisorium – für Mannschaftsspiele nicht groß genug. Daran sehen Sie, dass wir keinen richtigen Platz für Freizeitaktivitäten haben.

Das Land in unserem alten Heimatort war hundert Mal besser und wertvoller als das, was wir hier haben. Um unsere Familien zu ernähren, taugt dieses Land nicht; es ist nutzlos. Deshalb verlangen wir von der Stahlwerksleitung und von der Regierung, dass sie uns ausreichend Land und Arbeit geben und genauso für uns sorgen wie für die anderen Bürger.

Im Wortlaut

II.

Sie sollten also alle wesentlichen zivilisatorischen Errungenschaften wie sauberes Wasser, Straßen, Elektrizität, medizinische Einrichtungen und Wohnraum für uns bereitstellen. Am Anfang hatten wir auch darum gebeten, dass man Toiletten und Waschplätze in unserer Siedlung einrichtet. Darüberhinaus haben wir um einen Krankenwagen gebeten, um ernsthaft erkrankte Patienten in Krankenhäuser zu transportieren. Wir haben auch einen Trinkwasserbrunnen für unsere Gemeinschaft beantragt, aber trotz wiederholter Anfragen ist uns bisher von alledem nichts bewilligt worden. Nur ein einziger Brunnen wurde gebohrt, aber der ist den Schülern der Schule mit Wohnheim zum Waschen vorbehalten. Nachdem für die Dorfgemeinschaft kein Brunnen gebohrt wurde, haben wir beim Büro des Umlandentwicklungsprogramms nachgefragt, und man sagte uns, dass das Graben eines Brunnens für November 2008 vorgesehen sei. Aber das Versprechen wurde nicht eingelöst. Wir sind darüber zutiefst enttäuscht.

Die Straßen in unseren Siedlungen sind in einem provisorischen Zustand, und in der Regenzeit wird es schon zum Problem, wenn man nur von einem Haus zum nächsten kommen möchte. Da es überhaupt keine Arbeitsmöglichkeiten gibt, haben viele Familien in jeglicher Hinsicht schwere Belastungen zu ertragen. Ohne Geld ist keine medizinische Behandlung zu bekommen, wenn es einmal nötig ist. Wir sind nicht in der Lage, unsere Häuser zu reparieren. Weil unser Land unfruchtbar ist, können wir trotz harter Arbeit und aller Bemühungen keine ausreichenden Mengen ernten. Weil wir keine Bewässerungsanlagen haben, müssen die meisten von uns hungern. Wir haben uns auch mit der Elektrizitätsbehörde in Verbindung gesetzt, aber man will uns keinen Strom für Bewässerungszwecke zur Verfügung stellen, solange die immer noch offene Rechnung nicht beglichen ist. Selbst wenn man uns Strom liefern würde, hätten wir weiterhin ein Problem mit der defekten Pumpe und mit fehlenden Bewässerungsgräben. Die Leute können unmöglich das nötige Geld für einen Kanal und eine neue Pumpe aufbringen.

Ein weiteres Problem für uns ist, dass die Regierung uns keine

II.

Landdokumente ausstellt. Wir wissen also gar nicht, wieviel Land uns zugewiesen wurde und wo in etwa die Grenzen verlaufen. Das macht die Bewirtschaftung schwierig. Wir haben offizielle Landvermesser und Grundsteuerbeamte schon mehrmals gebeten, unser Land zu vermessen. Einmal kamen sie und gingen wieder, ohne Grenzen festgelegt zu haben. So liegen unsere Grundstücke nun schon lange brach, und wir können darauf nichts anbauen.

Von Zeit zu Zeit besuchen uns Freunde aus Deutschland, die an unserem Schicksal interessiert sind, und machen sich ein Bild von unseren Lebensbedingungen. Diese Besuche sind für uns ein großer Trost und wir hoffen, dass sie wirklich etwas zur Verbesserung unserer Lebensumstände beitragen können. Unsere deutschen Freunde kommen von sehr weit her in unser Dorf, um die ärmlichen Verhältnisse zu dokumentieren, in denen die Zwangsumgesiedelten hier leben, und um uns zu ermutigen. Sie geben uns Selbstvertrauen, und wir hoffen und vertrauen darauf, dass sie bestimmt – trotz aller Schwierigkeiten – die richtigen Schritte in die Wege leiten werden, um unsere grundlegenden Bedürfnisse zu erfüllen. Wir sind davon überzeugt, dass sie uns in unserern Schwierigkeiten helfen werden, dass unser Leben besser wird.

Unsere deutschen Freunde, die so sehr um uns besorgt sind und sich für unsere Belange einsetzen, möchte ich zum Schluß bitten, ihre Hilfe und Unterstützung auch den Bewohnern der anderen Siedlungen von Zwangsenteigneten zukommen zu lassen, das heißt, den Leuten in Lachhada, Kendro, Ulandajharan, Sili Kata, Hatidharsah, Bankibahal und so fort. Regierungsbeamte, andere offizielle Vertreter und diejenigen, die uns ausbeuten, stünden dann gewissermaßen unter Kontrolle und wären nicht mehr in der Lage, uns zu übervorteilen. Unsere Lebensbedingungen wären dann besser als vorher.

Der Vernachlässigung durch die Stahlwerksbetreiber haben wir es zu verdanken, dass bei uns keinerlei Infrastruktur vorhanden ist. Wenn man früher auf unsere Bedürfnisse Rücksicht genommen hätte, hätten wir nicht leiden müssen. Ohne Elektrizität,

Im Wortlaut

II.

Straßen, Bewässerung, medizinische Versorgung usw. geht es uns sehr schlecht. Wir haben medizinische Einrichtungen erbeten, und auch einen Krankenwagen, aber bis jetzt haben wir nichts bekommen. Wir brauchen dringend eine gute Straße und eine gute Schule für die Entwicklung unser Siedlungen. Es gibt bei uns eine Schule mit Wohnheim bis zur fünften Klasse; danach sind wir auf andere weiterführende Schulen angewiesen. Nur diejenigen, die es sich leisten können, sind in der Lage, ihre Kinder auf höhere Schulen in anderen Orten schicken. Wir brauchen also für unsere Kinder hier in Ushra eine Schule bis zur 12. Klasse und ein College.

Im Wortlaut

III.

**Herr Sylvester Lakra
aus der Umsiedlungskolonie Ulandajharan,
rund 60 Kilometer von Rourkela entfernt,
aufgenommen am 31. Januar 2009:**

Ich bin 25 Jahre alt. Als meine Familie zwangsumgesiedelt wurde, war ich noch nicht auf der Welt. Nach ihrer Zwangsumsiedlung kam meine Familie nach Ulandajharan, und hier wurde ich auch geboren. Schon als Kind merkte ich, dass wir hier keine richtigen Schulen hatten. Es gab keine ordentlichen Verkehrsmittel für den Weg zur Schule. Es gab keine Straßen. Wir mussten durch den Urwald zur Schule gehen.
Angesichts dieser Situation schickten mich meine Eltern zu einem Onkel mütterlicherseits, wo ich meine höhere Schulbildung abschloss. Als ich nach dem Schulabschluss zurückkam, musste ich zu meinem Entsetzen feststellen, dass es immer noch keine Straßen gab. Wir mussten uns bei Tag und bei Nacht einen Weg durch Büsche und Waldstücke bahnen. Manchmal begegneten wir Elefanten auf dem Weg. Wir waren ständig von Gefahren umgeben, aber wir haben es trotz allem geschafft, bis heute zu überleben. Selbst jetzt gibt es immer noch keine Verkehrswege oder -mittel. Wir müssen unsere Fahrräder bis nach Kurabera schieben. Wir müssen die Waren, die wir einkaufen, nach Hause tragen.
Wir haben um unsere Rechte und für Gerechtigkeit gekämpft, aber, wie es scheint, gibt es keine Aussicht auf Erfolg. Wir haben alle Hoffnung verloren. Unser Leben ist erbärmlich geworden. Niemand von außerhalb ist noch bereit, hierher zu heiraten – allein weil es keine anständige Verkehrsanbindung gibt. Deshalb ziehen die meisten Leute, die Verwandte in Rourkela haben, nach dort, um sich zu verheiraten. Eine Eheverbindung mit den Bewohnern unserer Gegend ist schlicht unmöglich: Sie nennen diesen Ort hier „Dschungel".
Wenn wir uns die elenden Lebensumstände hier vor Augen führen, erfasst uns große Verzweiflung. Unsere Eltern sind ohne Hoffnung und in Tränen. Es gibt keine Versorgung mit Wasser,

Im Wortlaut

III.

um zu trinken oder sich zu waschen. Wir haben noch nicht einmal genügend Bleichmittel.* Unser Dorf ist vollständig von der Außenwelt abgeschnitten und vergessen. Wir leben hier ohne jede Art von zivilisatorischen Errungenschaften. Die Elefanten verwüsten unsere Felder. Wir haben die Regierung gebeten, uns für den Ernteausfall zu entschädigen, aber die Regierung hüllt sich in Schweigen. Bisher konnten wir uns irgendwie von dem Wenigen, was wir ernten, ernähren. Eine medizinische Versorgung ist so gut wie nicht vorhanden. Wir müssen die Kranken den gesamten Weg bis zum Arzt tragen. Viele von uns, auch Kinder, sind an Malaria und anderen Krankheiten gestorben hauptsächlich, weil keine Medikamente verfügbar waren und sie nicht rechtzeitig behandelt werden konnten. Wir haben hier keinerlei Versorgungseinrichtungen. Wir mühen uns sehr ab, um hier zu überleben.

Wir sind ringsherum von Wald umgeben. Wollten wir unsere Grundstücke erweitern, so müssten wir den Beamten der Forstbehörde Gebühren zwischen 200 und 400 Rupien zahlen. Wir können also die Felder nicht erweitern. Eine Schule wurde eröffnet, und zwei Lehrer wurden hierher beordert. Aber ich schätze, sie sind nicht länger als zwei oder drei Tage zum Dienst erschienen. Es gibt Unregelmäßigkeiten bei der Verteilung von Reis in der Schule. Oft müssen wir wieder mit leeren Händen weggehen: Wenn wir mit unseren Taschen an die Reihe kommen, sagt man uns, der Reis sei ausgegangen.

Während der Regenzeit treten die Flüsse und Bäche über die Ufer, und eine Überquerung ist dann nicht mehr möglich. Wir bringen unsere Ernte dann rechtzeitig vor dem Monsun zum Markt.

Die Regierung sagt: „Wenn ihr die Dokumente vorlegt, die euren Landbesitz nachweisen, dann bekommt ihr ein Darlehen." Bis jetzt hat niemand von uns es geschafft, ein Darlehen zu erhalten. Wir benötigen dringend unsere Landdokumente. Wir brauchen Straßen und Brücken. Es wäre eine Erleichterung für uns, wenn

* Das zum Abtöten von Keimen und Bakterien ins Wasser gegeben wird.

Im Wortlaut

III.

wenigstens ein Mitglied aus jeder Familie einen Arbeitsplatz bekäme. Elefanten stellen eine Bedrohung für uns dar, besonders nachts. Durch die Installation von hellen Scheinwerfern könnte man sie von unseren Häusern fernhalten.

Ungefähr einen Monat, nachdem ein Besucher aus Deutschland namens Johannes dagewesen war, tauchten eines schönen Tages plötzlich zwei Männer auf Motorrädern bei uns auf. Wir waren gerade mit unseren alltäglichen Arbeiten beschäftigt und fragten uns, wer die wohl sein könnten und wie sie unser Dorf gefunden hatten. Sie nahmen einige von uns beiseite und gingen mit ihnen zu einem Platz neben der Kirche, wo wir üblicherweise unsere Versammlungen abhalten. Einen Moment lang fürchteten wir uns, weil wir nicht wussten, was mit uns geschehen würde. Niemand wusste, wer sie waren. Einige vermuteten, dass es sich um BDOs* handeln müsse. Dann zeigten sie uns eine Stelle, an der angeblich ein Teich angelegt werden sollte. Wir sollten unverzüglich mit der Arbeit beginnen. Das war im Mai und gerade zu einer Zeit, in der die Felder bestellt werden müssen. Wir baten darum, den Beginn der Bauarbeiten auf Oktober zu verlegen. Sie erstellten außerdem eine Liste von Leuten über 60, die eine kleine Rente erhalten sollten. Danach gingen sie wieder fort. Bis heute ist jedoch nichts geschehen. Wir haben sogar bei der Behörde nach ihnen gefragt; dort hieß es, sie seien an einen anderen Ort versetzt worden.

---

* „Block Development Officer", für lokale Entwicklungsmaßnahmen zuständige Beamte.

Im Wortlaut

IV.

Herr Joseph Toppo
aus der Umsiedlungskolonie Jalda A,
rund acht Kilometer von Rourkela entfernt,
aufgenommen am 28. Februar 2009:

Ich stamme aus dem Dorf Duagaon. Bevor wir zwangsumgesiedelt wurden, bauten wir *Keond*, *Mahua* und andere Nutzpflanzen an. Wir führten ein zufriedenes, genügsames Leben. Als verkündet wurde, dass an der Stelle unseres Dorfes ein Stahlwerk gebaut werden sollte, befahl man uns, den Ort zu räumen.
Uns wurde versprochen, dass wir an einem neuen Ort angesiedelt würden, und dass man uns Land und Häuser geben werde. Man versprach uns außerdem Arbeit für unsere Familien in der neuen Fabrik. Zu der Zeit war Jawaharlal Nehru Premierminister von Indien. Er hatte ein Herz für die Adivasi. Er sagte, dass die Adivasi arm seien und dass sie im Gegenzug für ihr Land, das für die Errichtung des Stahlwerks erworben wurde, eine Anstellung und Land bekommen sollten. Wir hatten dort zehn *acre* [ungefähr vier Hektar] Land. Wir bekamen dafür eine Entschädigung von nur 5000 Rupien. Wir waren drei Brüder.
Man gab uns Land, aber das neue Siedlungsgebiet war weit entfernt. Die Gegend war bewaldet und von großen Gräben durchzogen, also völlig ungeeignet, um darauf Ackerbau zu betreiben. Bis heute haben wir dort keine ordentliche Trinkwasserversorgung, keine Elektrizität, keinen richtigen Brunnen oder Teich. Das Land, das mir zugeteilt wurde, war sehr uneben, voller Gräben und Bodenwellen. Wir lebten in ständiger Angst vor Elefanten, Bären und anderen wilden Tieren. Wir fühlten uns in der neuen Siedlung überhaupt nicht wohl. Heute hat die Gegend noch immer keine ordentliche Straßenanbindung. Viele Leute waren überhaupt nicht in der Lage, sich eine neue Existenz aufzubauen und gingen zugrunde.
Als man uns unser Land wegnahm, verloren wir einfach alles. Wir hofften, dass sich mit dem Bau des Stahlwerks unsere Lebensbedingungen verbessern würden, und dass künftige Generationen der Adivasi davon profitieren könnten. Das hatte

Im Wortlaut

IV.

Jawaharlal Nehru auch so gesagt. Aber das Gegenteil ist eingetreten: Die Zukunft unserer Kinder ist ungewiss.
Viele von denen, die überlebt haben, hatten die Hoffnung, Arbeit im Stahlwerk Rourkela zu erhalten, aber sie sind immer noch arbeitslos. Die Betreiber des Stahlwerks hatten versprochen, unsere Kinder einzustellen, wenn sie die Schule besucht hätten. Für uns wäre es eine große Erleichterung, wenn unsere Kinder Arbeit fänden. Das ist es, was Nehru zu uns sagte, kurz bevor das Stahlwerk gebaut werden sollte. Einige wenige wurden eingestellt, aber die meisten sind ohne Arbeit geblieben. Wir haben auch beim zuständigen Distriktbeamten vorgesprochen und ihn dringend gebeten, unseren Kindern eine Anstellung zu verschaffen. Aber wie es scheint, ist dieser Beamte dazu nicht bereit. Als man uns zwangsumsiedelte, hieß es, man werde jedem einzelnen Angehörigen einer umgesiedelten Familie einen Arbeitsplatz geben. Aber das ist nicht geschehen. Das Traurigste an der Sache ist, dass jetzt Auswärtige im Stahlwerk arbeiten und nicht wir Einheimischen. Unseren Kindern gibt man keine Arbeit. Das ist die Situation der Adivasi-Bevölkerung.
Nach der Vertreibung siedelte man uns in Jalda an. Einige von uns bekamen 40 bis 50 *decimal* [etwa 2000 Quadratmeter] an Land zugewiesen, andere nur ein Zehntel dieser Fläche. Wir erhielten fünf *decimal* [etwa 200 Quadratmeter] auf den Namen meines Vaters. Wir sind drei Brüder. Wie sollen drei Brüder auf einem Stück Land leben, das gerade einmal fünf *decimal* groß ist? Ich habe vier Söhne und zwei Töchter. Wir können mit fünf *decimal* nur unter großen Schwierigkeiten genug erwirtschaften, um uns alle zu ernähren. Ich wohne zusammen mit einem meiner Brüder; der andere hat sich ein Grundstück gekauft und lebt dort mit seiner Familie.
Wir haben versucht, die Betreiber des Stahlwerks dazu zu bewegen, uns das überschüssige Land zurückzugeben [das nicht für den Bau des Stahlwerks benötigt wurde]. In dieser Angelegenheit haben wir sogar eine Klage beim Obersten Gerichtshof des Bundesstaates Orissa eingereicht. Aber anstatt uns das Land zurückzugeben, verkaufen sie es an andere. Die Stahlfabrik

IV.

wurde auf unserem Land gebaut, und wir sind nun arbeitslos. Das Gebiet, in dem man uns neu angesiedelt hat, besitzt nicht einmal die einfachsten Versorgungseinrichtungen.
Weiterhin wurde uns gesagt, dass wir Häuser und Versorgung mit Wasser bekämen. Viele von uns haben noch immer kein richtige Behausung. In unserem Ort gibt es nicht einmal die einfachste Ausstattung: Wir haben keine Straße, keinen Strom, kein Wasser. Immer wenn ein Minister die Gegend bereist, wird er am Betreten unserer Siedlungen gehindert. Aus einiger Entfernung – nur von der Hauptverkehrsstraße aus – erzählt man ihm dann, unser Gebiet sei mit allem ausgestattet. Wir werden auch bei vielen Projekten und Maßnahmen betrogen, die eigentlich für uns bestimmt sind. Das ist auch ein großes Problem.
Wir sind hier hilflos und nutzlos. Politische Führer, die versprochen hatten, sich für unser Wohlergehen einzusetzen, vergaßen ihre Wahlversprechen, sobald sie Minister wurden. Sie haben unser Leid und unser Elend vergessen. Unsere Kinder schließen ihre Schulbildung ab und sind dann arbeitslos. Wir wurden aus unserem eigenen Dorf verjagt und im Urwald neu angesiedelt. Was noch schlimmer ist, Zugezogene jagen uns jetzt sogar von hier fort. Sie eignen sich Land an, das uns gehört, und errichten darauf ihre Häuser.
Ortsfremde kamen hierher und haben in unser soziales und kulturelles Leben eingegriffen. Unsere eigene Sprache, Oraon, wird kaum noch gesprochen. Bestandteile unserer Kultur verschwinden. Es ist uns nicht gelungen, das Bewusstsein für unsere Stammessprache und -kultur zu erhalten und zu fördern. Unsere Oraon-Gemeinschaft ist heute gespalten. Wir waren keine Christen, sondern folgten der Sarna-Religion. Inzwischen haben jedoch viele Sarna-Angehörige den christlichen Glauben angenommen. In der Adivasi-Kultur verehrten Sarna-Anhänger den heiligen Hain. Früher, vor der Ankunft des Christentums, folgten wir alle der Sarna-Religion und schnitten die Äste des Karam-Baumes, um diese vor unseren Häusern einzupflanzen. Aber seit das Stahlwerk von Rourkela existiert, wird dieser Brauch nur noch selten praktiziert.

Im Wortlaut

V.

**Frau Lucia Tirkey
aus der Umsiedlungskolonie Lachhada,
rund 80 Kilometer von Rourkela entfernt,
aufgenommen am 26. Februar 2009:**

Ich stamme aus dem Ort Barkuchlu, der jetzt vom Wasser des Mandira-Stausees bedeckt ist. Als wir zwangsumgesiedelt wurden, ging ich in die dritte Klasse. Ich war nach Rajgangpur gefahren, um dort an einer Stipendiumsprüfung teilzunehmen. Als ich nach fünf Tagen in mein Dorf zurückkehrte, wollte ich meinen Augen nicht trauen: Unser Haus und unser gesamter Besitz waren überflutet. Man sagte mir, dass meine Eltern nach Lachhada gebracht worden seien. Ich war damals noch sehr klein und fing an zu weinen.
Bis auf den heutigen Tag hat uns die Regierung keinerlei Fürsorge zukommen lassen. Wir sind zwei Schwestern. Unsere Brüder leben nicht mehr. Unser Leben ist hart und voller Leid. Ich war als Kind eine hervorragende Schülerin: In jedem Schuljahr war ich Jahrgangsbeste! Deshalb war ich auch nach Rajgangpur gegangen, um an der Stipendiumsprüfung teilzunehmen, und genau in diesen fünf Tagen spielte sich die Tragödie ab. Unser gesamtes Dorf wurde fortgespült.
Wir wurden in Lachhada neu angesiedelt. Es gab dort anfangs nichts zu essen und nichts zu trinken. Wir schrien förmlich nach Wasser, und man gab uns schmutziges, verunreinigtes Wasser zu trinken, woran meine Großeltern starben. Meine Eltern verließen daraufhin den Ort und zogen in das Dorf im Wald von Sarjuga.
Wir haben keine amtlichen Dokumente über unser Land. Wir haben kein Haus und kein Land. Vor drei Jahren habe ich mich beim zuständigen Distriktbeamten um eine Stelle beworben und auch einen Antrag auf Landzuteilung gestellt. Mein Antrag wurde abgewiesen mit der unverschämten Bemerkung: „Welches Land wollen Sie denn?" Ich antwortete: „Sie haben die zehn *acre* [etwa vier Hektar] Land, die meinem Vater gehörten, weggenommen. Darauf befand sich unser Haus, unser Brunnen, unsere

Im Wortlaut

V.

Felder und so weiter. Ich besitze kein anderes Land. Ich will das Land meines Vaters zurück. Und außerdem bin ich auch nicht an Ihrem Job interessiert." [...]
Heute kann ich, weil geschwächt bin, nicht mehr auf dem Feld arbeiten und auch sonst keine körperliche Arbeit mehr verrichten. Ich weiß nicht, wie ich überleben soll. Ich habe keine Kinder, und es gibt niemanden, der mich unterstützen könnte. Ich muss mich außerdem noch um meine Mutter kümmern. Mein Mann ist arbeitslos.
Die Zwangsumsiedlung empfinden wir heute noch als tiefen Schmerz. Leid zu ertragen ist unser Schicksal geworden. Wenn ich über alle diese Dinge nachdenke, kommen mir die Tränen. Warum hört die Regierung nicht auf uns? Ich fühle mich so hilflos in dieser Situation.
Ich habe einige Forderungen an die Regierung. Ich will ein anständiges Stück Land in Rourkela. Dort könnten die Kinder meiner Schwester eine ordentliche Schulbildung bekommen, um ihre Zukunft zu sichern. Ich will nicht, dass sie ertragen müssen, was wir ertragen haben. Wir wollen ein ordentliches Zuhause, wie andere Leute auch. Wir wollen ordentliche Bildungseinrichtungen für unsere Kinder, wie andere Leute sie auch haben. Wir wollen, dass unsere Kinder Arbeit finden. Unsere Kinder sind unsere Hoffnung und unsere Stütze. Wir verlangen ordentliche Transportmöglichkeiten. Die Regierung hat uns mit der Zwangsumsiedlung viel Leid zugefügt.
Ich habe noch immer keine eigene Unterkunft. Ich will ein Haus in Rourkela mit Wasserversorgung [...] Meine Mutter ist sehr alt. Ich brauche etwas Geld, damit ich sie ordentlich pflegen und behandeln lassen kann. Ich will Dokumente, die unseren Landbesitz belegen. Wir brauchen außerdem einen Traktor, um unsere Felder zu pflügen, und eine Getreidemühle.
In unserer Gegend gibt es keine Schule und auch keine Elektrizität. Die Zustände, in denen unsere Kinder aufwachsen, sind erbärmlich. Wenn ich finanzielle Hilfe von der deutschen Regierung bekäme, würde ich ein Waisenhaus eröffnen.

Im Wortlaut

VI.
Herr Ram Chandra Sahoo*
aus Rourkela,
aufgenommen am 28. Februar 2009:

Bald nach der Unabhängigkeit Indiens wurde Rourkela als Standort für ein Stahlwerk ausgewählt, und in Zusammenarbeit mit der deutschen Regierung wurde das Werk gebaut. Leider muss ich sagen: Wir haben ohne Zweifel Opfer gebracht – an Leben und Lebensgrundlagen. Aber im Gegenzug hat bisher niemand etwas für uns getan. Niemand. Also kämpfen wir weiter für unsere gerechte Sache.

Wir haben unser Land verloren, alles, aber wir sind bis heute nicht ordentlich neu angesiedelt worden. Wir haben deswegen vor kurzem eine ganze Reihe von Protestaktionen durchgeführt. Die Regierung hat das Problem gewiss zur Kenntnis genommen, aber sie hat sich nicht ernsthaft damit befasst. Die Regierung von Orissa schindet einfach Zeit, indem sie uns hinhält mit Versprechungen wie: „Gut, wir werden dies und das tun, und wir gewähren euch dieses und jenes." Aber bis jetzt hat sich niemand um die Probleme der zwangsenteigneten Familien gekümmert. Sie haben uns keine Landdokumente ausgestellt, und auch keinen Grundbucheintrag vorgenommen. Das Land, auf dem sie uns angesiedelt haben, fällt in die Kategorie „Staatswald", wo es gar keine Grundbucheinträge gibt. Bis auf den heutigen Tag werden wir wie Landbesetzer behandelt, die sich unbefugt auf fremdem Eigentum niedergelassen haben. Keine unserer Siedlungen ist bis jetzt richtig fertiggestellt worden.

Was die zugesagten Arbeitsplätze angeht, kann ich Ihnen Folgendes erzählen: Diese Arbeitsplätze sind zum größten Teil im Namen von Zwangsenteigneten an Leute mit gefälschten Papieren vergeben worden. Bis zu 4000 Arbeiter im Stahlwerk

---

* Herr S. ist selbst kein Adivasi, aber seine Familie wurde ebenfalls zwangsenteignet. Seit vielen Jahren steht er an der Spitze der „Rourkela Local Displaced Association", einer aktiven Betroffenen-Organisation, die überwiegend Adivasi-Mitglieder hat. Er spricht mit voller Berechtigung auch im Namen der zwangsumgesiedelten Adivasi.

Im Wortlaut

VI.

wurden dem Namen nach als Zwangsenteignete eingestellt. Aber diese sind keine echten Vertriebenen; viele kommen von außerhalb des Distriktes, von außerhalb von Orissa und sogar von außerhalb des Landes wie etwa Dhaka in Ost-Pakistan, dem heutigen Bangladesh. Viele Leute sind als Zwangsenteignete eingestellt worden, obwohl sie keine sind, und die echten Vertriebenen sind arbeitslos. Deshalb protestieren diese auch vor dem Gebäude der Distriktverwaltung. Vier oder fünf Jahre ziehen sich die Proteste schon hin.
Es ist einfach unerträglich, dass von dem Land, das man uns zur Neuansiedlung und Bewirtschaftung zugewiesen hat, jetzt etwa 150 *acre* [rund 60 Hektar] an einen Industriebetrieb namens „Jai Balaji Jyoti Steel Limited" überschrieben wurden. Die Zuweisung erfolgte damals unter der Bedingung, dass das Land an niemanden veräußert werden darf – außer an andere Zwangsenteignete. Diese durch und durch illegalen Praktiken sind allgegenwärtig, wenn es um die Belange der Zwangsenteigneten geht.
Sehen Sie, in den vergangenen 60 Jahren hat sich niemand – weder die Politiker noch die Beamten, weder die Zentral- noch die Landesregierung – um die Lösung unseres Problems bemüht. Außerdem ist das Land, das die Regierung uns zugeteilt hat, für Ackerbau völlig ungeeignet. Aber man hat damals dazu erklärt: „Wir haben euch Ackerland gegeben." In Wirklichkeit lässt sich auf dem Boden nichts anbauen, wie man in Lachhada eindeutig sehen kann. Man hat uns völlig steinige Flächen zur Nutzung zugewiesen, das ist überhaupt kein Ackerland.
Um es in einem Satz zu sagen: Nachdem sie uns das Land weggenommen hatten, waren wir für die Landes- und auch für die Zentralregierung nur noch so viel wert wie Abfall. Sie vergaßen, dass wir es waren, die das Land zur Verfügung gestellt hatten.
Des weiteren ist der Distrikt Sundargarh offiziell als „registriertes Stammesgebiet" ausgewiesen, wie es in der indischen Verfassung vorgesehen ist. Solche Stammesgebiete stehen unter dem besonderen Schutz der Regierung. Gleichzeitig macht die-

VI.

se jedoch Geschäfte mit dem ihr anvertrauten Stammesland, in dem sie es Auswärtigen überlässt oder an Nicht-Stammesangehörige veräußert. Es gibt zwar die Artikel 300 und 300A [in der „Orissa Regulation (2) of 1956"], welche besagen: „Stammesland darf nicht an Auswärtige übertragen werden", aber in ganz Indien und am meisten im Sundargarh Distrikt wurde jede Menge Stammesland an Nicht-Stammesangehörige überschrieben. Ich bin auch zutiefst schockiert, weil ich mich dem Land aufs Engste verbunden fühle und ich auch in direktem Kontakt mit den Zwangsenteigneten stehe. Ich bin sehr stark erschüttert über diesen Staatsapparat, in dem alles gesetzlich festgeschrieben ist, die Regierung sich aber nicht an ihre eigenen Gesetze hält. Die Regierung steht über dem Gesetz. So missachtet sie auch die „Orissa Regulation (2) of 1956", nach der Stammesland nicht auf Außenstehende übertragen werden darf. Wenn aus irgendwelchen Gründen das Land eines Stammesangehörigen in den Besitz von Nicht-Stammesangehörigen gelangt, so ist die Regierung verpflichtet, dieses Land zurück zu erstatten – auch nach 50 oder 60 Jahren muss das Land wieder an den ursprünglichen Eigentümer, dem es von Außenstehenden weggenommen wurde, zurückgegeben werden. Trotz allem wird weiterhin gegen das Gesetz verstoßen. Die Landesregierung von Orissa und die obersten Beamten des Distriktes Sundargarh verletzten eindeutig geltendes Recht.

Alles in allem kann ich sagen, dass die Bewohner dieses offiziell als registriertes Stammesgebiet anerkannten Distriktes von den Bürokraten, aber auch von Politikern, diesen verfluchten [im Original „bloody"] Politikern, zu Grunde gerichtet werden. Beamte wie Politiker denken nicht an die Entschädigung der Zwangsenteigneten, sondern nur an ihren eigenen Vorteil. Als ich letztes Mal in Singur* war, habe ich diesen Punkt bei einer Versammlung angesprochen: Die Leute, die Entscheidungen über Zwangsumsiedelungen treffen, sollten zuerst selbst

---

* Der Ort im Bundesstaat Westbengalen war bekannt geworden durch den erfolgreichen Widerstand gegen den Bau einer Autofabrik (Tata Nano).

Im Wortlaut

VI.

zwangsumgesiedelt werden. Ich meine damit die Abgeordneten des indischen Bundesparlaments und der Landesparlamente. Diese gekauften Politiker entscheiden darüber, wer zwangsumgesiedelt wird. Eigentlich sollten zuerst sie selbst umgesiedelt werden. Erst dann würden sie begreifen, was sie mit einer Zwangsumsiedelung anrichten. Erst dann würden sie den Kummer, das Leid einer Zwangsumsiedelung, das Leid der Betroffenen selbst zu spüren bekommen.
Ich war höchst erstaunt zu hören, dass die Regierung eine Fläche von 20.000 *acre* [mehr als 80 Quadratkilometer] ohne gültige Rechtsgrundlage in Beschlag genommen hat. Als Opfer der Zwangsenteignung sage ich, Ram Chandra Sahoo, dass sich die Regierung dieses Land nicht einfach nur „genommen" hat, sie hat es schlichtweg gestohlen. Ohne ein gültiges Gesetz hat die Regierung 20.000 *acre* Land vereinnahmt. Wir haben deswegen eine Klage mit detaillierter Begründung beim Obersten Gericht von Orissa eingereicht. Der Richter hat nicht gegen uns entschieden, hat aber die Klage abgewiesen. Wenn Sie sich die Formulierungen der Begründung ansehen, dann liest sich das wie ein Text vom Niveau der fünften oder sechsten Klasse. Wir haben daraufhin beim Obersten Gerichtshof Indiens eine Klage eingereicht, basierend auf dem Grundsatz, dass kein Gesetz ohne die Zustimmung des indischen Präsidenten verabschiedet werden darf. Der „Land Acquisition Act of Orissa" wurde im Jahre 1948 ohne die Zustimmung des Präsidenten erlassen; es wurde lediglich als offizielle Verlautbarung publiziert. Damals gab es noch keine Grundsätze für Entschädigung und Umsiedlungen, aber die „Umsiedlung" wird dort erwähnt: Bei einer staatlichen Enteignung sollen die Menschen umgesiedelt werden. In unserem Fall wurden die Vorschriften also völlig missachtet. Der Oberste Gerichtshof Indiens schickte uns zurück an das Oberste Gericht von Orissa, wo wir Einzelklagen einreichen sollten. Also gingen wir wieder zum Obersten Gericht von Orissa und legten ihm zehn Fälle aus Kantajhar Basti in der Nähe von Bondamunda vor. Zur Zeit läuft die Anhörungsphase, und ich hoffe, dass der Richter sich der Sache annehmen wird, die wir dem

VI.

Gericht angetragen haben – nämlich dass ohne gültige Gesetzesgrundlage Land enteignet wurde, und dass die Rückgabe von ungenutztem Überschussland zwingend erforderlich ist. In der Tat hat der Richter bereits seine Zustimmung signalisiert, indem er sagte: „Ja, das Land wurde ohne rechtliche Grundlage übernommen." Bis jetzt ist allerdings noch keine endgültige Entscheidung gefällt worden. Ich hoffe aber, dass der Richter uns Gerechtigkeit widerfahren lassen wird.

Die Bewegung der Zwangsenteigneten geht ganz sicher weiter. Beim letzten Mal, vor drei Jahren [2006], haben wir die Bahnstrecke blockiert – die Schienenblockade zog sich über 52 Stunden hin. Wir haben zu einem Streik in ganz Rourkela aufgerufen und die Nationalstraße an drei Stellen blockiert: An der Kreuzung „Rangila Chowk" in Jalda A, in Bonai und an der Kreuzung „Vedvyas Chowk". Aus lauter Angst hat die Regierung 97 Einsatztrupps von Polizisten geschickt. Sie versuchten, die Leute einzuschüchtern, aber die Stammesangehörigen blieben bei der gemeinschaftlichen Entscheidung, dass wir gegenüber der Regierung Widerstand leisten müssen. Und sie haben dem Polizeiaufgebot der Regierung tatsächlich widerstanden, sie haben die Straße blockiert, sogar als die Polizei die Kontrolle übernahm und Einsatztrupps in verschiedene Dörfer eindrangen. Die Leute sind trotzdem herausgekommen und haben die Straße blockiert. Es sieht also doch so aus, dass noch Hoffnung besteht, dass die Menschen hier eine gerechte Behandlung erfahren und ihre Überlebensrechte anerkannt werden. In den letzten beiden Jahren wurden Schritte zur offiziellen Identifizierung der Zwangsenteigneten eingeleitet, nachdem die Regierung die Anträge von zwangsenteigneten Personen und ihren Familien angenommen hatte. Aber bis jetzt haben wir keinen Grund zu der Annahme, dass sie auch tatsächlich die Versprechen erfüllen. Wir haben noch keine brauchbaren Ergebnisse wahrgenommen.

Vor kurzem habe ich mit dem dafür zuständigen Beamten und mit dem höchsten Distriktbeamten gesprochen und sie gebeten, das Beratungskomitee für Entschädigungsfragen und

Im Wortlaut

VI.

Umlandentwicklung endlich einzuberufen, damit eine Lösung im Sinne der Zwangsenteigneten gefunden werden kann. Dem Komitee gehören zwei Abgeordnete des indischen Bundesparlaments sowie sieben Abgeordnete des Landesparlaments von Orissa, ein hoher Beamter der Finanzverwaltung, ein hoher Regionalbeamter sowie die Polizeipräsidenten von Rourkela und des Sundargarh-Distriktes an - ebenso wie Vertreter der Zwangsenteigneten. Ich bin auch Mitglied dieses Gremiums. Aber zu meinem Bedauern muss ich sagen, dass trotz des vorgesehenen dreimonatlichen Turnus die Treffen nur einmal pro Jahr stattfinden. Natürlich hat die Regierung kein Interesse daran, unser Problem zu lösen, daher verschleppen sie die Befassung mit diesem Thema. [...] Also habe ich neulich zur obersten Beamtin des Distrikts gesagt: „Gnädige Frau, bitte berufen Sie sofort eine Sitzung ein, und bitte sorgen Sie dafür, dass man unsere Forderungen erfüllt; andernfalls werden wir weiter protestieren. Und diesmal könnte eine sehr große Zahl von Menschen an unseren Aktionen teilnehmen, denn wir sind mit unserer Geduld am Ende. Man kann sich ein Jahr lang gedulden, auch zwei oder drei, aber letztlich werden die Leute aufbegehren. Und sie könnten sogar zu extremen Mitteln greifen. Um diesen Unmut, diese aufgestaute Unzufriedenheit abzumildern, berufen Sie bitte dieses Gremium ein und lassen Sie uns über die Schritte reden, die zur Entschädigung und ordentlichen Neuansiedlung der Zwangsenteigneten unternommen werden sollten." Aber bis jetzt haben sie noch keinen Termin für die nächste Sitzung festgelegt. So ist unsere Regierung.

Die Betreiber des Rourkela-Stahlwerks lügen; sie sind wahrhaftige Meister im Erfinden von Lügen. Ihre Aussagen sind sehr phantasievoll und klingen sehr schön, aber es mangelt an der praktischen Umsetzung. Denn sehen Sie: Neulich hatten wir in Hathidharsa, einem unserer Umsiedlungsorte, eine Diskussion mit Mitarbeitern des Umland-Entwicklungsprogrammes des Stahlwerkes. Wir erhielten die Zusicherung, dass sie uns fünf Bohrbrunnen und ein Schulgebäude mit drei Klassenzimmern zur Verfügung stellen würden. Bis jetzt sind aber nur vier die-

VI.

ser Brunnen fertiggestellt und auch der Schulbau ist bis heute unvollendet. Die Bauarbeiten selbst wurden in sehr schlechter Qualität ausgeführt. In Hathidharsa ist es ganz deutlich zu sehen: Sie geben uns Hockey-Schläger und –Bälle und Läppchen für die Schultafeln. Das ist doch keine angemessene Entwicklungsmaßnahme für eine Neuansiedlung. Wir leben im Zeitalter der Globalisierung und Liberalisierung. Wenn uns die Stahlwerksleitung in der heutigen Zeit Kreide, Läppchen und Tafeln für unsere Schulen gibt, dann ist das lächerlich, es ist eine Schande. Sie sollten zumindest dafür sorgen, dass die Grundausstattung da ist; so könnten sie ihre Fürsorge für die Kinder und deren Familien glaubwürdig beweisen. Denn diese führen immer noch ein menschenunwürdiges Leben. Dann könnten sie wie Menschen leben und Teil der Gesellschaft werden und vorankommen. Aber bis jetzt ist nichts davon geschehen. Eine reine Augenwischerei ist das alles – es gibt bei uns keine Straßen, keine Verkehrsanbindung, keine Wasserleitungen, keine medizinischen Einrichtungen.

Es wird Ihnen sonderbar vorkommen, dass es eine Schule in Lachhada gibt, die Lehrer aber in Rajgangpur wohnen. Immerhin sind es 40 Kilometer von Lachhada nach Rajgangpur. Die Regierung hält sich in dieser Sache bedeckt. Wir haben dem Schulinspektor des Distrikts Sundargarh schon zwei Briefe geschickt, dass die Lehrer nicht regelmäßig zum Dienst erscheinen und der Unterricht auch sonst zu wünschen übrig lässt. Er solle doch bitte einmal einen Blick auf unsere Schule werfen. Aber bis jetzt hat niemand diesbezüglich Nachforschungen angestellt. Ganz ähnlich sieht es auch in der Harekrishnapur-Siedlung bei Amgaon aus. Auch dort gibt es keinen vernünftigen Schulunterricht, keine medizinische Versorgung, rein gar nichts. Um medizinisch behandelt zu werden, müssen die Bewohner ins 17 Kilometer entfernte Amgaon reisen; oder sie müssen sich auf den Weg nach Bonai, nach Lahuni oder in den Deogarh-Distrikt machen.

Das Land, das man den Zwangsenteigneten zugewiesen hat, ist für landwirtschaftliche Zwecke nicht geeignet; die Flächen sind

Im Wortlaut

VI.

karg und steinig. Trotzdem versuchen die Menschen etwas anzubauen, aber der Ertrag ist sehr dürftig. Es ist also ganz normal, dass die Leute, um zu Überleben, die Siedlung verlassen und an einem anderen Ort ein Einkommen suchen.

Noch etwas – und das wird Sie ebenso verwundern: Nachdem wir also aus Rourkela vertrieben und nach Amgaon umgesiedelt wurden, will jetzt die staatliche Eisenbahngesellschaft erneut dieses Land in Beschlag nehmen. Es sind nur die Stammesangehörigen, die mehrmals zwangsumgesiedelt werden. Warum das? Nur Stammesangehörige werden auf diese Weise immer wieder vertrieben – nicht bloß ein Mal, sondern zwei, drei oder vier Mal. Jetzt also wollen sie diese Bahnstrecke bauen, und wieder sind es Stammesangehörigen, die zwangsumgesiedelt werden sollen. Ich habe neulich einen hohen Regionalbeamten, Herrn Khan, darauf angesprochen: „Wie oft wollen Sie uns noch vertreiben? Wenn Sie vorhaben, uns sieben bis zehn Mal umzusiedeln, so stellen Sie uns doch bitte einen Karren mit Ochsengespann zur Verfügung. Wir laden dann unsere Habseligkeiten darauf und können so jahrelang durch die Gegend ziehen und nur auf der Straße leben, weil Sie uns von diesem Ort an jenen vertreiben, um uns von dort wieder zu diesem und jenem Platz umzusiedeln. Es ist einfach Ihre Angewohnheit, uns ständig umzusiedeln." Darauf antwortete Herr Khan: „Nein, nein. Ich werde mich noch einmal mit der Angelegenheit befassen." Ich sagte zu ihm: „Welche Befugnisse haben Sie? Bitte sagen Sie mir, haben Sie die Macht, diese Enteignung zu stoppen? Sie sind auch nur ein Sklave der Landesregierung. Die Landesregierung kann tun, was sie will. Aber Sie können keinen Widerspruch einlegen, weil Sie als Gehaltsempfänger im Dienst der Regierung stehen." Das habe ich ihm gesagt und so werde ich auch weiterhin sprechen.

Ich, Ram Chandra Sahoo, bin Vorsitzender der "Rourkela Local Displaced Association" [Vereinigung der Zwangsumgesiedelten von Rourkela]. Dazu gehören auch 32 Dörfer, die beim Bau des Mandira-Staudammes überflutet wurden. Inzwischen haben sich uns auch die Opfer der Zwangsenteignung durch das

Im Wortlaut

VI.

Unternehmen Larsen & Toubro (L & T) angeschlossen. Am 16. Februar haben wir eine Protestkundgebung abgehalten. Ungefähr 800 Stammesangehörige haben daran teilgenommen. Sie versammelten sich auf dem Gelände von L & T. Früher gehörten die Anlagen zu dem Unternehmen Utkal Machinery [in Kansbahal, westlich von Rourkela], und beim Bau der Fabrik haben die Leute das Gleiche erlebt wie wir in Rourkela. Die Zwangsumgesiedelten der L & T-Fabrik teilen unser Schicksal. Wir werden alle von diesen Bürokraten oder durch die Entscheidungen der Regierung drangsaliert und schikaniert. Aber niemand ist daran interessiert, die Probleme zu lösen. Als Vorsitzender der Zwangsumgesiedelten versuche ich, für uns überall das Bestmögliche zu erreichen. Und ich sage öffentlich: „Bitte kümmert euch um uns. Bitte gebt uns, was uns rechtmäßig zusteht. Bitte lasst uns Gerechtigkeit widerfahren. Bitte gebt uns eine angemessene Entschädigung und angemessene Bedingungen bei der Umsiedelung." Aber die Regierung – besonders die gegenwärtige Regierung, aber nicht die allein – ist überhaupt nicht gewillt, das Problem anzugehen.

Wir wurden zwangsumgesiedelt, und daher erwarte ich auch etwas. Obwohl die Zwangsumsiedelungen hier in Indien stattfanden: Die Deutschen haben den größten Teil des technischen Fachwissens für das Stahlwerk beigesteuert. Und da die deutsche Regierung auch an den Adivasi interessiert ist, bin ich der Meinung, dass wir unbedingt die deutsche Regierung um eine Intervention bitten sollten. Die deutsche Regierung sollte sich dafür einsetzen, uns Gerechtigkeit zu verschaffen und für eine ordentliche Umsiedelung zu sorgen. Wenn die deutsche Regierung Druck auf die indische Zentralregierung und auch auf die Landesregierung von Orissa ausübt, würde das sicherlich für uns etwas bewirken. Ich bitte also die deutsche Regierung, ich bitte Sie, die Sie hier heute zu uns gekommen sind: Versuchen Sie durch Ihre Nicht-Regierungsorganisation, die deutsche Regierung in Kenntnis über diese Zustände zu setzen und dazu zu bewegen, dass sie Druck ausübt. Und dass sie versucht, die Probleme der Zwangsenteigneten zu lösen, denn das Projekt

Im Wortlaut

VI.

wurde hauptsächlich mit Geldern aus Deutschland finanziert, das heißt von Euch Deutschen – über die deutsche Regierung und über die Kreditanstalt für Wiederaufbau (KfW). Schon früher habe ich vorgeschlagen, dass die KfW eine Rechnungsprüfung einrichten soll, um bei der Freigabe von Geldern an SAIL* zu kontrollieren, ob die Beträge ordnungsgemäß verwendet werden. Denn SAIL nimmt das Geld und gibt es sehr großzügig für das Rourkela-Stahlwerk aus. [...]
Wenn sich die deutsche Regierung energisch für die Zwangsumgesiedelten von Rourkela einsetzte, dann müssten sowohl die indische Zentralregierung als auch die Landesregierung von Orissa darauf reagieren, und wir könnten daraus den größten Nutzen ziehen – zumindest im Hinblick auf Arbeitsplätze, Umsiedlung und Wiedergutmachung. Und um noch etwas möchte ich Sie bitten: Helfen Sie uns, dass uns Gerechtigkeit widerfährt. Arbeiten Sie mit uns zusammen, damit das geschieht. Wir hoffen darauf, dass Sie uns helfen, dass wir zu unserem Recht kommen. Wir können von Ihrem Land mehr Gerechtigkeit erwarten als von unserem. Denn unser Land ist ein Meister darin, die Dinge zu verschlafen. Wenn es irgendein Problem gibt, tun sie einfach so als ob sie schlafen – außer wenn es irgendwann explodiert. Erst wenn es eine laute Explosion gibt, dann machen sie sich daran. Anders geht es nicht. Aber ich bin überhaupt kein Freund von Explosionen. Wir ziehen es vor, unsere Forderungen auf demokratische Weise durchzusetzen. Ihre direkte Einmischung ist daher von enormer Wichtigkeit bei der Lösung unseres Problems.
Die Regierung hat mehr Land enteignet, als benötigt wurde. Sie haben damals 20.000 *acre* [über 80 Quadratkilometer] beschlagnahmt, aber es sind inzwischen 60 Jahre vergangen, und das Stahlwerk hat bis jetzt lediglich 5.000 *acre* [etwas mehr als 20 Quadratkilometer] davon in Anspruch genommen. Die restlichen 15.000 *acre* haben die von außen Zugewanderten in Besitz

---

* „Steel Authority of India Limited", die Dachgesellschaft der staatlichen indischen Stahlwerke, die auch Rourkela Steel Plant betreibt.

Im Wortlaut

VI.

genommen. Wir, die ursprünglichen Landeigentümer, sind von der Regierung gezwungen worden, unser Land, das Land unserer Ahnen, zu verlassen. Uns hat man davongejagt. Den Fremden aber hat die Regierung erlaubt, sich dort niederzulassen. Das ist jetzt eine Form von innerer Kolonisation. Was haben wir falsch gemacht?
Des weiteren hat die Regierung auch Land beansprucht, das damals nicht enteignet worden war. Auf diesem Land wurden Wohnhäuser und andere Gebäude errichtet. Ich wende mich daher mit meiner Bitte an die deutsche Regierung: Helfen Sie uns, eine offizielle Untersuchung zur Frage der Landenteignung in Rourkela durchzuführen. Wieviel Land wurde enteignet? Wieviel wurde nicht offiziell enteignet und trotzdem von der Regierung für ihre eigenen Zwecke verwendet? Denn die Regierung hat auch Land verwertet, das anfangs nicht zur Enteignung ausgeschrieben war. Die Zugewanderten haben sich ebenfalls auf diesem Land niedergelassen und es für sich genutzt. Es sollte eine solche Untersuchung geben, die sich besonders mit der Landfrage in Rourkela befasst.

Im Wortlaut

VII.

**Herr Samuel Ekka
aus der Umsiedlungskolonie Bankibahal,
rund 40 Kilometer von Rourkela entfernt,
aufgenommen am 4. Februar 2009:**

Ich möchte Ihnen folgendes sagen: Als die Regierung uns befahl, unser Land zu räumen, versprachen sie uns „Land für Land" „Häuser für Häuser", Anschluss an die Strom- und Trinkwasserversorgung sowie Schulgebäude. Sie sagten, sie würden uns mit allem Erforderlichen ausstatten. In dieser Situation riefen wir Jaipal Singh zu uns ins Dorf, um ihm unsere Probleme darzulegen. Beamte kamen und versicherten uns, die Regierung werde alle diese Einrichtungen bereitstellen. Wir glaubten ihnen und widersprachen nicht. Wir waren über die meisten Vorgänge gar nicht informiert. Einzig die Tatsache, dass unser Dorf überflutet werden sollte, war uns bekannt. Wir kämpften nicht und lehnten uns nicht auf. Wir wandten uns an Jaipal Singh*, um gegen die Regierung zu protestieren und „Land für Land, Häuser für Häuser" zu verlangen, und angemessene Entschädigung für unseren enteigneten Besitz. Es gab Proteste unter der Bevölkerung.

Nachdem wir zwangsumgesiedelt worden waren, erkannten wir, dass man uns betrogen hatte. Da wir im Vorjahr [auf dem neuen Siedlungsland] nichts angebaut hatten, gab uns die Regierung etwas Geld, um uns für den Ausfall zu entschädigen: Die Eigentümer von hochwertigem Land erhielten 900 Rupien, Besitzer von Land mit geringerer Qualität erhielten 600 Rupien, und die Leute mit dem schlechtesten Land bekamen 300 Rupien. Aber für das Land, das wir aufgeben mussten, bekamen wir nichts von der Regierung.

Bis heute hat die Regierung keine Häuser für uns gebaut oder Land für uns bereitgestellt; sie haben uns lediglich auf dieses Waldgebiet verwiesen, ohne Besitzurkunden auszustellen. Sie

---

* Ehemaliger Hockey-Star und erster bedeutender Adivasi-Politiker im unabhängigen Indien.

VII.

haben uns immer wieder betrogen. Es gibt kein Schulgebäude, keine Elektrizität. Einen Stromanschluss gibt es nur dem Namen nach. In einigen Gebieten sind nicht einmal Leitungsmasten aufgestellt worden. Unter großen Schwierigkeiten wurde schließlich doch noch eine Schule gebaut. Man hat uns auch Arbeitsplätze versprochen, aber dieses Versprechen wurde bislang nicht eingelöst. Einige Orte haben eine Wasserversorgung, andere haben überhaupt kein Wasser.

Wir brauchen Bewässerungsanlagen für unsere Landwirtschaft. Neben Straßen benötigen wir zudem noch Kanäle, Elektrizität, medizinische Einrichtungen, Trinkwasser usw. Wir verlangen, dass mindestens eine Person aus jeder zwangsumgesiedelten Familie, auch aus den später geteilten, neu entstandenen Haushalten, einen Arbeitsplatz erhalten soll.

Die Eisenschwammproduktion in unserer Gegend hat die Böden unbrauchbar gemacht. Einige Gebiete sind durch Straßen erschlossen, andere liegen noch immer isoliert. Wir haben die zuständigen Behörden gebeten, eine Straße zu bauen. Bis jetzt ist noch nichts geschehen. Wir leiden darunter, dass wir hier nicht einmal die einfachste Grundversorgung haben.

Hätte man unsere Familie nicht zwangsumgesiedelt, wäre unser Leben friedlich verlaufen. Die Regierung lehnt es ab, mehr als eine Parzelle Land an jede Familie zu vergeben. Wovon sollen die Kinder meiner Brüder leben, jetzt, da sie nicht mehr bei uns wohnen? Wenn man uns nicht unser Land weggenommen hätte, dann hätten wir jetzt nicht diese Probleme. Wir würden arbeiten wie immer und uns vom Ertrag unserer Felder ernähren.

Die Regierung versprach uns, alle Versorgungseinrichtungen bereitzustellen, aber es passierte nichts. Erst als uns letztes Mal einige deutsche Freunde besuchten, wurde eine Stromversorgung hergestellt.

Im Wortlaut

VIII.

**Frau Mary Purty
aus der Umsiedlungskolonie Lachhada,
rund 80 Kilometer von Rourkela entfernt,
aufgenommen am 31. Januar 2009:**

Ich bin 52 Jahre alt. Ich komme ursprünglich aus dem Dorf Dublabera. Wir waren noch sehr klein, als man uns zwangsumsiedelte. In unserem Heimatdorf hatten wir ein sorgenfreies Leben; meine Eltern besaßen ein sehr schönes und großzügig angelegtes Haus.

Vor der Räumungsaktion erklärten uns unsere Eltern, dass wir bald gezwungen sein würden, aus dem Haus auszuziehen: „Der Mandira-Staudamm soll hier entstehen, und dadurch werden unsere Häuser überflutet werden." Wir wurden also aufgefordert, den Ort zu räumen und dorthin zu gehen, wo man uns hinbringen würde. Als die anderen Dorfbewohner nach und nach ihre Häuser verließen, gab es auch für uns keine Alternative mehr, und wir bereiteten uns darauf vor, unseren Besitz und unser fruchtbares Land zurückzulassen. Schon bald kamen Lastwagen ins Dorf, und unser gesamtes Hab und Gut – Lebensmittel, Getreide, Linsen, Reis, Ziegen, Rinder etc. – wurden auf die Lastwagen gepackt.

Wir kamen unfreiwillig nach Lachhada und waren alle sehr traurig. Ich saß auf dem Schoß meines Vaters. Meine Mutter und mein kleiner Bruder Sushil waren zu Hause geblieben, denn mein Vater hatte meine Mutter gebeten, bei dieser Fahrt noch nicht mitzukommen. Er wollte sich den neuen Ort zuerst ansehen und sie dann später holen. Ich kam zusammen mit meinem Onkel, meiner Tante, meiner Großmutter und meinem Vater. Ich war fünf Jahre alt, als wir aus Dublabera vertrieben wurden und nach Lachhada kamen, wo wir zwei Jahre lang blieben.

Bei der Ankunft sahen wir, dass man eine lange Reihe Hütten aus Zweigen und Blättern vorbereitet hatte. Nachdem unsere Habseligkeiten vom Lastwagen abgeladen worden waren, nahmen wir zwei Häuser in Beschlag. Mein Vater argumentierte, dass bei drei Brüdern in unserer Familie ein einziges Haus nicht

VIII.

ausreiche, und so bezogen wir zwei Häuser. Später, als wir uns eingerichtet hatten, stellten wir fest, dass absolut gar nichts vorhanden war: Kein Trinkwasser-Brunnen und auch sonst kein Trinkwasser. Die Leute brachen in Tränen aus: „Woher sollen wir unser Wasser holen?" Angesichts dieser jämmerlichen Situation lieferten uns die Behörden schmutziges Wasser aus dem Teich von Kondeidiha: In diesem Teich wuschen sich die Menschen und reinigten ihre Kleider. Auch Rinder und Büffel wurden in diesem Teich gebadet; das Wasser war also in keiner Weise zum Trinken geeignet. Niemand aus Kondeidiha benutzte das Wasser aus dem Teich als Trinkwasser, aber wir mussten dieses Wasser zu trinken, weil es bei uns keinen Brunnen gab. Die Leute, die aus dem Dorf Kantabera vertrieben worden waren, wurden zuerst alle nach Kondeidiha gebracht, bevor sie dann nach und nach von den Regierungsbeamten nach Lachhada gebracht wurden. Verwandte von uns befanden sich auch in dieser Gruppe, und wir besuchten sie in Kondideiha. Bei dieser Gelegenheit sagte meine Tante zu mir: „Wisst ihr, dass man euch Wasser aus diesem schmutzigen Teich zu trinken gibt?" Und ich antwortete ihr: „Nein, mir war nicht bewusst, dass wir schmutziges Wasser trinken. Aber was sollen wir tun? Um zu überleben, müssen wir mit dem Wasser vorlieb nehmen, das wir haben. Ob sauber oder schmutzig, wir müssen dieses Wasser trinken; sonst können wir nicht überleben."

Deshalb ist mein Bruder nicht mehr am Leben. Er starb einen Monat nach unserer Ankunft hier. Das schmutzige Wasser hat ihn krank gemacht, und er ist daran gestorben. Er war das erste tote Kind, das wir unter den Zwangsenteigneten zu beklagen hatten, und das erste, das wir auf dem Friedhof von Lachhada begraben haben.

Nachdem wir eine Nacht in Kondeidiha verbracht hatten, kehrten wir nach Lachhada in unsere Siedlung zurück. Man Vater nahm mich auf dem Rad mit. Einige Zeit danach machten wir einen Ausflug zum Mandira-Damm und wohnten eine Weile in der Ushra-Siedlung. Eine andere Tante nahm mich mit ans Ufer des Stausees und zeigte mir das Gebiet, wo sich unser Dorf vor

VIII.

der Vertreibung befunden hatte. „Siehst du," sagte sie, „dort war unser Reisfeld, und dort, weit weg, können wir immer noch unser Haus bei dem kleinen Hügel sehen, der bald auch überflutet werden wird."

Mein Vater erzählte mir alles, weil ich die älteste Tochter war, aber meine jüngeren Brüder haben nicht alle Einzelheiten erfahren. Zu dem Zeitpunkt, als wir nach Lachhada kamen, um dort zu leben, gab es keine Schule, keine Straße, keine Gesundheitsstation, keine Elektrizität und kein Trinkwasser für uns. Wir mussten sehr hart arbeiten, um unsere Existenz zu sichern. Es gab keine Kirche, nicht einmal einen Gebetsplatz, aber wir kamen dann am Dorfplatz zusammen, um zu beten. Später haben sich die Leute selbst aus eine Gebetshalle hergerichtet, aber sie war nur aus Zweigen und Blättern gebaut. Da es keine Schule gab, beschlossen die Leute, in dieser Halle auch Unterricht zu halten und bildeten einige Klassen.

Mein Vater wurde zum ersten Grundschullehrer für Lachhada bestimmt. Ich bin damals oft während des Unterrichts in die Klasse gekommen und habe nach meinem Vater gefragt. Die Schüler haben mich dann auf den Schoß genommen. Zu dieser Zeit war gerade Pater Hermann, ein deutscher Missionar, in der Gemeinde von Kantapali tätig, die neu gegründet worden war. Der Schulunterricht fand im Freien unter den Bäumen statt, während man die Kirche baute. Das war auch die Zeit, als Habil Lomga aus Burhikudar eingeladen wurde, in Kantapali zu unterrichten. Er ist mit uns verwandt. Später half uns Pater Hermann, eine Schule in Lachhada zu bauen. Von einem Ort namens Rajabasa kamen Verwandte zu uns nach Lachhada, um Ziegelsteine herzustellen. Zusammen mit den Bewohnern von Lachhada haben sie unser Schulhaus gebaut. [...]

Die Jackfruchtbäume, die heute ganz nahe an der Schule stehen, hat mein Vater gepflanzt. Als er Leiter der Schule war, pflanzte er diese Bäume, und dazu auch auch eine große Zahl Mangobäume. Die Mangobäume haben nicht überlebt, aber die Jackfruchtbäume stehen noch.

Wir mussten hier mit großen Schwierigkeiten kämpfen. In un-

VIII.

serem Heimatdorf Dubladera hatten wir keine Probleme gehabt. Solange unsere Getreidevorräte hier ausreichten, gab es genug zu essen, und wir hatten nicht so viele Probleme. Aber wenn alles aufgebraucht war, hatten wir nichts mehr zu essen, denn es war kein Feld da, auf dem wir etwas hätte anbauen können. Und in dem dichten Dschungel, der uns umgab, fanden wir keine Nahrung. Unsere Eltern waren wirklich verzweifelt in dieser schwierigen Situation. Als die Mahua-Bäume blühten, haben wir diese Blüten gesammelt und die gekochten Blüten verzehrt. Reis haben wir nie bekommen. Wir lebten alle in großem Elend. Die Zustände waren erbärmlich; am schlimmsten war es für die Kinder. Die Mütter waren in großer Sorge, weil sie ihre Kinder nicht mehr ernähren konnten. Die Entbehrung war groß, und sie weinten oft.

Weil wir arm waren, konnte ich keine höhere Schule besuchen. Nur solange mein Vater als Lehrer arbeitete, konnte ich die Grundschule besuchen und etwas Lesen und Schreiben lernen. Aber ich hatte nicht die Möglichkeit zu einem höheren Bildungsabschluss, da es außer der Grundschule keine andere Schule gab. Wir sammelten im Wald Früchte und verkauften sie; und so haben wir alle zusammen dazu beigetragen, das Schulangebot zu erweitern. Daraufhin taten sich alle von unseren Stammesgemeinschaften – Oraons, Mundas, Kharias und Kisans – zusammen, um gemeinsam das Gebäude für die Mittelstufe zu erbauen. Einige machten Dachziegel, andere Ziegelsteine, andere brachten Holzstämme und Äste für den Bau mit. Auch die Mädchen arbeiteten einmal in der Woche freiwillig mit. So brachten wir unser Leben zu.

Unsere gemeinschaftliche Lebensweise und unsere Traditionen sind zerstört worden. Der harte Kampf um unser Überleben hier hat uns so stark beansprucht, dass wir darüber unser Brauchtum und unsere Traditionen vernachlässigt haben und unsere frühere Lebensweise vergessen haben.

In der alten Heimat hatten wir 40 bis 50 *acre* [etwa 16 bis 20 Hektar] Land; hier sind es zwei *acre* [weniger als ein Hektar] für den Ackerbau unbrauchbares Land. Ob man uns eine Entschä-

Im Wortlaut

VIII.

digung gezahlt hat, daran kann ich mich nicht erinnern. Von meinem Vater habe ich erfahren, dass wir 600 Rupien für die entfallene Ernte eines Jahres erhalten haben. Bei unserer Ankunft hier bekam mein Vater noch einmal 200 Rupien als Zuschuss für den Bau eines Hauses. Wir haben jedoch beide Beträge zusammengelegt und damit ein Stück Land in einem Dorf namens Sorsora gekauft.

Niemand von uns ist beim Bau des Rourkela-Stahlwerks beschäftigt worden. Ich habe drei Söhne. Der älteste hat einen Abschluss des ITI* und sucht jetzt Arbeit, aber bis jetzt hat er noch nichts gefunden. Obwohl er entsprechend qualifiziert ist und die Voraussetzungen [als Angehöriger einer zwangsumgesiedelten Familie] erfüllt, hat er bis heute noch keinen Job im Stahlwerk bekommen. Als mein Mann starb, sollte ich eine einmalige Todesfallunterstützung erhalten, aber diese Zahlung steht auch noch immer aus....

Im September bin ich einmal nach Ushra gereist, um meinen Onkel zu besuchen und mich nach unserem Überschussland zu erkundigen. Er sagte mir: „Ihr habt all euer Land hier zurückgelassen und seid nach Lachhada gegangen, und nun lebt ihr dort im Elend. Ihr habt einen Fehler begangen. Euer Vater hätte eine Weile warten und in eurem alten Haus bleiben sollen, bis alles endgültig geklärt war. Siehst du, einiges von eurem Land ist nämlich gar nicht überflutet worden, und Zugewanderte – keine Zwangsenteigneten – haben sich darauf niedergelassen. Sie haben einen Bestätigung bekommen und leben dort nun glücklich und zufrieden." Dann fragte ich meinen Onkel: „Wieviel Land ist übrig geblieben? Sind es zehn *acre* [etwa vier Hektar]?" Darauf antwortete mein Onkel, die Neuankömmlinge hätten mehr als das in Besitz genommen. „Komm und sieh dir an, wie fruchtbar das Land ist. Es gibt sogar einen kleinen Graben für die Bewässerung der Felder." Mein Onkel erzählte mir, die Reisernte sei in dem Jahr sehr gut ausgefallen – mehr als genug sei es gewesen, „was die Fremden jetzt auf euren Feldern er-

---

* „Industrial Training Institute", eine Art technische Berufsschule.

VIII.

wirtschaftet haben." Wir haben mehr als zehn *acre* Land verloren; das schmerzt uns sehr. Mein Onkel Paulus Bage ist noch am Leben; er wohnt in Sorsora, aber er ist zu alt, um selbst noch unser ursprüngliches Landdokument herauszusuchen. Es müsste ihm jemand dabei helfen. [...]

Wir sind sehr arm. Es ist für uns kaum möglich, unsere Kinder auf höhere Schulen zu schicken. Wir fühlen uns hilflos.

Im Wortlaut

IX.

**Herr Pankaj Kujur
aus der Umsiedlungskolonie Lachhada,
rund 80 Kilometer von Rourkela entfernt,
aufgenommen am 30. Januar 2009:**

Vor der Zwangsumsiedelung war Bankibahal mein Heimatdorf. Im Jahr 1957 wurden wir angewiesen, unseren Ort zu verlassen, weil die Regierung dort den Bau eines Staudammes plante. Ich war zu dieser Zeit ungefähr neun Jahre alt.
Wir wurden [...] im Juni von dort vertrieben. Als es zu regnen begann und der Stausee sich füllte, zogen die Leute langsam fort, ohne Fragen zu stellen – eine Alternative gab es nicht. Sie wurden gegen ihren Willen mit Lastwagen abtransportiert. Niemand ging freiwillig: Das war unser Protest. Trotzdem wurden wir gewaltsam auf Lastwagen verladen. Der Lastwagen kam zu uns ins Dorf, man lud einfach unsere Habseligkeiten – Getreidevorräte, Vieh, Ziegen und andere Haushaltsgegenstände – auf und brachte uns nach Lachhada, weit weg von unserem Dorf. Die meisten Leute gingen voller Verzweiflung auf die Reise. Wir weinten und waren sehr traurig, die Heimat unserer Väter zu verlassen.
Zunächst brachte man uns in ein Lager nach Kondeidiha, das praktisch mitten im Dschungel lag. Ich war noch sehr klein und hatte große Angst. Von Kondeidiha ging es weiter nach Lachhada und sodann in einen Ort names Khendrimunda. Wir wurden auf drei verschiedene Orte verteilt: Kondeidiha, Lachhada und Khendrimunda. Wir richteten uns provisorische Unterkünfte her. Man gab uns eine geringe Summe als Entschädigung, und wir rodeten ein Stück Wald und legten Felder neu an. Die Regierung wies uns daraufhin ein Stück Land in der Größe von 20 *decimal* [knapp 900 Quadratmeter] als Wohngrundstück zu. Da blieben wir dann. Fünf Jahre lang wohnten wir in der Behelfsunterkunft, bis wir auf dem zugeteilten Grundstück ein neues Haus aus Blättern und Zweigen bauten.
Im Jahr der Zwangsenteignung hatte uns die Regierung nur sehr wenig Entschädigung für die ausgefallene Ernte gezahlt. Das Geld war innerhalb eines Jahres aufgebraucht, so dass wir vor

IX.

großen Schwierigkeiten standen. Es war eine wirklich erbärmliche Situation, die unsere Existenz bedrohte. Wir hatten nichts zu essen. In der Jahreszeit, in der Mahua-Blüten und Kendu-Früchte reif sind, gingen wir in den Wald und sammelten die Früchte als Nahrung. Irgendwie haben wir auf diese Weise überlebt. Das Leid, das wir ertragen mussten, werden wir unser Leben lang nicht vergessen. Fünf Jahre lang haben wir sehr hart um unser Überleben kämpfen müssen.

Nur einige wenige Leute in unserem und in den benachbarten Dörfern wie etwa Kondeidiha und Balia wussten über das folgende Problem Bescheid: Das Wasser, mit dem wir aus dem Teich von Kondeidiha versorgt wurden, war so stark verschmutzt, dass bei uns viele Krankheiten ausbrachen, an denen die Menschen reihenweise starben. Das traf uns wie ein Schock. Die Farbe des verschmutzten Wassers war schwarz. Wir waren gezwungen, das verseuchte Wasser zu trinken, und unser Urin und unser Stuhl verfärbten sich ebenfalls schwarz. Das war die Lage, in die wir durch das verseuchte Wasser geraten waren. Die Regierung hat uns bloß hier abgeladen und sich dann nie wieder um uns gekümmert.

Es gab hier in der Nähe einen Ort, den wir Kendrodorho nannten. Er lag völlig im Dschungel, ohne jegliche Anbindung an die Zivilisation, und man hatte uns auch für einige Zeit dorthin gebracht. Selbst wenn man den Ort heute aufsucht, findet man Anzeichen, dass er noch von wilden Tieren wie Tigern, Bären und Elefanten bewohnt wird. In einer solchen Umgebung wurden einige von uns am Anfang untergebracht. Die Regierung hat uns gegen unseren Willen in dieser Gegend angesiedelt und uns zeitweise sogar das Land übereignet, aber inzwischen wurde dieses wieder zum Staatswald deklariert. Wie sollen wir das verstehen?

Ich konnte also nicht zur Schule gehen. Ich habe nie Lesen oder Schreiben gelernt, weil meine Eltern zu arm waren, um mich zur Schule zu schicken. So erhielt ich keine formale Bildung. Genauso blieben auch viele andere Leute Analphabeten. Ich habe früher immer zu den Regierungsbeamten gesagt: „Warum macht

Im Wortlaut

IX.

ihr euch hinter unserem Rücken über uns lustig? Wenn man uns eine gute Schulbildung ermöglicht hätte, wären wir auch Beamte geworden wie ihr." Leider ist nie etwas daraus geworden. Die Regierung kümmerte sich bei uns nie um Bildungseinrichtungen, Verkehrsverbindungen, Versorgung mit Strom und Wasser usw. Als Zwangsumgesiedelte sind wir von jeglichen Entwicklungsmöglichkeiten abgeschnitten. Nur Pater Hermann aus Deutschland hat für uns eine Schule eingerichtet, die unseren Kindern eine elementare Bildung ermöglichte.

Ansonsten hat die Regierung rein gar nichts für uns getan. Es gibt hier kein Krankenhaus. Einmal wurde ich im Dezember krank. Ich hatte einen schlimmen Husten, eine Erkältung und Durchfall. Ständig musste ich mich erbrechen. Erst als es wirklich ernst wurde, hat man mich in die Gesundheitsstation nach Jarda gebracht, wo ich medizinisch versorgt wurde. Einige meiner Freunde, die anderswo Geld verdienen, haben zu meiner Behandlung finanziell beigetragen; nur so habe ich überlebt. Da es aber bei uns in der Nähe kein gutes Krankenhaus gibt, erhalten viele Leute gar keine medizinische Versorgung. Außerdem haben sie kein Geld, um sich behandeln zu lassen, und können auch nicht ins Krankenhaus gebracht werden.

Einmal bin ich zum Büro des zuständigen Distriktbeamten in Rourkela gegangen, weil ich einen Job haben wollte. Der Beamte – Radhakanta Hota war sein Name – verlangte ein Schmiergeld von zehn Rupien. Ich hatte keine zehn Rupien bei mir, um mir auf diese Weise eine Anstellung zu erkaufen; folglich bekam ich keinen Job. Diese Chance wurde mir verwehrt. Wenn ich einen Job bekommen hätte, müsste ich jetzt nicht betteln. Ich hatte Pech. Auf der Suche nach Arbeit bin ich mehrmals zu Fuß nach Rourkela gegangen, weil es keine Busverbindung gab. Die Regierungsbeamten haben uns betrogen; sie schickten falsche Berichte an die Regierung, dass allen Zwangsenteigneten Arbeit angeboten worden sei. Die nötigen Unterschriften bekamen sie, indem sie sich per Daumenabdruck von Leuten, die nicht lesen oder schreiben konnten, bestätigen ließen: „Ich habe einen Arbeitsplatz im Stahlwerk von Rourkela bekommen."

Im Wortlaut

IX.

Diese Beamten verkaufen die zwangsumgesiedelten Adivasi für dumm. Die Beamten, die selbst keine Adivasi sind, wollten nie, dass es den zwangsenteigneten Adivasi gut geht, und haben sie in allem betrogen. Das Regierungsversprechen „Land für Land" wurde in keiner Weise eingelöst. Wir bekamen stattdessen ein kleines Stück unfruchtbares, unebenes Brachland, auf welchem sich nichts anbauen lässt. Die Beamten, die von außerhalb unseres Distrikts stammen und keine Stammesangehörigen sind, haben immer nur auf uns herabgesehen und waren nie an unserem Wohlergehen interessiert. Sie wollten uns als ihre Sklaven halten. Wir, die Stammesbevölkerung, wurden aus unseren ursprünglichen Orten weggerissen und in diesem abgelegenen Platz im Urwald abgeladen. Und wie kommt es, dass heute eine Menge Leute von außerhalb auf unserem früheren Land wohnen? Uns hat man zwangsenteignet, und jetzt haben sich dort Fremde angesiedelt.

Meine Forderung an dieser Stelle ist, dass man jeder zwangsumgesiedelten Familie einen Job geben soll. Es ist Sache der Regierung, das zu veranlassen. Für den Bau des Mandira-Staudammes hat die Regierung 31 Dörfer räumen lassen, weitere 32 für das Stahlwerk. Die Betreiber des Stahlwerks haben das überschüssige Land der Regierung übereignet. Aber statt es an die ursprünglichen Eigentümer zurückgegeben, verkauft die Regierung das Land nun an die Zugewanderten, an große Unternehmen und an andere reiche Leute zu überhöhten Preisen. So machen sie ein gutes Geschäft mit unserem, dem überschüssigen, Land.

Wir, die Zwangsumgesiedelten, haben sehr viel Leid ertragen, für das wir kaum Worte finden. Und so, wie es aussieht, werden auch kommende Generationen noch leiden müssen. Sie sehen ja selbst, wir haben keine Schule: Wie kann man erwarten, dass Entwicklung stattfindet, wenn es keine Bildungsmöglichkeiten gibt? Wir wünschen uns auch Hilfe aus Deutschland. Wir brauchen unter anderem gute Bildungseinrichtungen, gute Straßen, gute Krankenhäuser und Arbeit für unsere Kinder usw. Alle diese Dinge sind sehr wichtig für unsere Entwicklung. [...]

Im Wortlaut

IX.

Unser altes Land hatte eine Fläche von elf *acre* [knapp 4,5 Hektar]. Nichts ist davon erhalten geblieben: Alles liegt unter Wasser. Hier haben wir etwas mehr als fünf *acre* [ungefähr zwei Hektar], aber diese Flächen lassen sich nicht mit dem Land unserer Vorfahren vergleichen. Unser früheres Land war fruchtbar. Der Boden hier ist unfruchtbar und für Ackerbau ungeeignet.

Aber zum Schluss möchte ich noch einmal sagen, dass jeder Zwangsumgesiedelte, der sich um einen Job beworben hat und dafür geeignet ist, eingestellt werden sollte. Egal welche Qualifikationen sie haben, ob sie den Schulabschluß der 10. Klasse haben oder nicht, sie sollten Arbeit bekommen. Sonst können wir nicht überleben. Da die Regierung nicht dazu bereit ist, uns Arbeitsplätze zu verschaffen, sollte sie uns Entschädigung für die letzten 50 Jahre zahlen oder uns einfach auf unser altes Land zurück umsiedeln.

Im Wortlaut

X.
Herr Joachim Sahoo
aus Rourkela,
aufgenommen am 9. Februar 2009

Ich bin ungefähr 102 Jahre alt. Ich bin ein Zwangsenteigneter des Stahlwerkes von Rourkela.
Vor der Errichtung des Stahlwerks stattete Dr. Harekrushna Mahtab* unserer Gegend einen Besuch ab. Das Stahlwerk wurde dann während seiner Amtszeit gebaut.
In der Vorbereitungsphase kam eine Dame aus Deutschland zusammen mit mehreren Ingenieuren hierher, um den Untergrund zu untersuchen. Zu dieser Zeit war ich als Lehrer an der Oberschule von Hamirpur tätig. Nachdem sie den Boden untersucht und den potentiellen Standort begutachtet hatten, stand die Entscheidung fest, und sie erzählten mir in einem privaten Gespräch, dass das Stahlwerk hier errichtet werden sollte. Kurz darauf schickte die Regierung von Orissa einige Landvermesser und für die Grundsteuer zuständige Mitarbeiter des Finanzamtes, um die Geländedaten zu erfassen. Ich fragte: „Was tun Sie da? Warum vermessen Sie das Land?" Die Männer antworteten: „Hier soll das Rourkela-Stahlwerk gebaut werden."
Als die Bewohner der umliegenden Dörfer eine Versammlung abhielten, um mehr über das Projekt in Erfahrung zu bringen, wurde klar, dass die Räumung der Dörfer bevorstand. Die Häuser würden mit Planierraupen niedergewalzt und zerstört werden. Dann konnte ich sehen, wie sie mit einigen Planierraupen die Reisfelder verwüsteten. Ich kann mich zwar nicht erinnern, wie viele Leute exakt bei der Versammlung zusammengekommen waren und wie viele Dörfer genau zerstört wurden: Jedenfalls ergriff ich die Initiative und versuchte, das Zerstörungswerk der Planierraupen zu stoppen. Ich bat sie, uns Zeit zu geben – wenigstens drei bis vier Monate, bis nach der Reisernte. Erst dann sollten sie das Land vermessen, und nicht vor der Ernte. Aber sie hörten nicht auf mich, sondern gingen mit aller

---

* Ministerpräsident von Orissa von 1956 bis 1961.

Im Wortlaut

X.

Gewalt daran, die Reisfelder zu zerstören. So machten die Planierraupen unsere Häuser und unsere Felder dem Erdboden gleich, ohne dass eine Entschädigungssumme gezahlt oder auch nur vereinbart worden wäre. Ich musste feststellen, dass es niemanden gab, der sich für die Leute einsetzte, der gegen diese Vorgänge protestierte. Da begann ich, als Lehrer an einer Internatsschule, den Betroffenen zu helfen sich zu organisieren.

Ich traf den ersten Generaldirektor des Stahlwerks, S.N. Mazoomdar, der zu dieser Zeit sein Büro in Kalkutta hatte. Er kam hierher, und ich bat ihn, unsere Reisfelder nicht zu zerstören und uns wenigstens bis nach der Ernte Zeit zu lassen. Ich sagte zu ihm „... bis jetzt haben wir keine Entschädigung für das Land erhalten, die Leute sind noch nirgendwo anders angesiedelt worden, und es ist einfach nicht anständig, so etwas zu tun." Mazoomdar antwortete: „Wenn ich in zwei Monaten aus Kalkutta zurückkomme, werde ich definitiv alles klären." Ich warnte ihn: „Ohne eine befriedigende Lösung für unsere Probleme werden wir nicht zulassen, dass die Bauarbeiten beginnen." Nach diesem Austausch entbrannte der Konflikt zwischen der Regierung und den Menschen hier in voller Schärfe.

Zur Grundsteinlegung für das Stahlwerk kam der damalige indische Premierminister, Pandit Jawaharlal Nehru, nach Rourkela. Wir, eine Gruppe zwangsenteigneter Menschen, versammelten uns, um ihn zu treffen und ihm ein Dokument mit unseren Forderungen zu überreichen. Aber der Ministerpräsident von Orissa verbot mir und der Gruppe, das Memorandum zu übergeben. Sofort waren wir von Polizisten umringt, die uns aufhielten, so dass wir uns Premierminister Nehru nicht nähern konnten. Wir entschieden uns, gegen dieses Vorgehen der Regierung zu protestieren und unsere Forderungen trotzdem kund zu tun. Wir hatten einen unserer Freunde aus Ranchi, David Munzani, zur Unterstützung eingeladen. Es waren etwa 10.000 Zwangsenteignete zusammengekommen, die Slogans wie „Land für Land", „Haus für Haus" und „Entschädigung und Arbeit für jede zwangsvertriebene Familie", „Oder wir verhindern das Stahlwerk" skandierten. Danach fand eine Kundge-

Im Wortlaut

X.

bung statt. Heute ist dies ein Platz in der Stadt Rourkela, welcher den Namen „Nehru Maidan" trägt. Dr. Harekrushna Mahtab, unser Ministerpräsident, hielt eine Ansprache. Premierminister Nehru, dem unser Protest nicht entgangen war, verstand die Situation sehr gut und sagte: „Obwohl ich Ihre Sprache Oriya nicht verstehe, kann ich Ihre Gefühle nachempfinden und verstehen." Und unser väterlicher Premierminister sagte weiter, dass er nie zuvor eine so friedliche Demonstration gesehen habe, und „... was auch immer Sie verlangen – Forderungen nach Land, Entschädigung für enteignetes Land, Häuser für Häuser, Arbeitsplätze für jede vertriebene Familie etc. – dies sind alles gerechte und legitime Ansprüche." Dann stieg er von der Tribüne herab, nahm die Girlanden der Kinder entgegen und wies den Ministerpräsident von Orissa an, für die Probleme der Zwangsenteigneten innerhalb von 15 Tagen eine tragfähige Lösung zu finden.

Der Ministerpräsident sagte nun die Erfüllung unserer Forderungen zu. Mir versprach er eine Zahlung von 20.000 Rupien und vier *acre* Land [ungefähr 1,6 Hektar] auf der anderen Seite des Koel-Flusses. Ich nahm jedoch sein Angebot nicht an und gab ihm zu verstehen, dass ich nicht daran dachte, die Leute zu verraten, die mir vertrauten und auf meine Hilfe angewiesen waren. Nein, ich habe das Angebot abgelehnt und mich damit getröstet, dass Gott schon für mich sorgen würde.

Danach begannen sie mit dem Abriss unserer Häuser und unserer Grundstücke. Wir wehrten uns und riefen, dass wir keinesfalls bereit seien, hier ein Stahlwerk zu dulden, solange man unsere Forderungen nach „Land für Land", nach Entschädigung und nach Arbeitsplätzen nicht erfülle. Mazoomdar versprach uns daraufhin: „Wir geben euch vier Monate Zeit, um eine Einigung zu erzielen. Und wir werden euer Land nicht weiter enteignen. Vor Abschluss der Erntezeit werden wir euer Land nicht wegnehmen." Bis zu diesem Datum führte die Regierung also keine weiteren Aktionen durch. Letztlich erklärten sie sich bereit, eine Entschädigung von 200 Rupien pro *acre* [etwa 0,4 Hektar] für *ghoda*-Land, einfaches, unfruchtbares Land der untersten

Im Wortlaut

X.

Kategorie, zu zahlen. Heute verkaufen sie dasselbe Land für 100.000 Rupien pro *decimal* [ungefähr 40,47 Quadratmeter], was etwa einem Preis von 10 Millionen Rupien pro *acre* entspricht! Sie verkaufen es an Auswärtige, die sich darauf niederlassen. Jeder vertriebenen Familie hatte die Regierung ein Grundstück von fünf *decimal* als Baugrundstück für ihr neues Wohnhaus in den Umsiedlungsorten Jalda und Jhirpani zugestanden. Abgesehen von diesem Wohngrundstück haben wir also nie gleichwertiges Land für unser Land bekommen, keine Häuser für unsere zerstörten Häuser, und auch keine Arbeit im Rourkela-Stahlwerk. Das wenige Land, das man uns zum Bau neuer Häuser zugewiesen hat, ist keinesfalls ausreichend.

Dann kam der damalige Präsident von Indien, Dr. Rajendra Prasad, nach Rourkela. Wir trafen uns mit ihm, und ich bat ihn bei dieser Gelegenheit, mehr Land am Ufer des Flusses verfügbar zu machen und den Zwangsenteigneten auch zusätzlich etwas Land für Reis- und Gemüseanbau zu bewilligen, damit sie ihren Lebensunterhalt bestreiten können. Aber unsere Wünsche und Forderungen wurden nicht erfüllt. Stattdessen musste ich mitansehen, wie mein Haus gnadenlos von Planierraupen niedergewalzt wurde. Danach haben sie mein Land gewaltsam besetzt und das heutige „Ispat General Hospital"* darauf errichtet. Es geschah alles mit brutaler Gewalt, ohne meine Einwilligung und ohne jegliche Form von Entschädigung. [...]

Danach gingen wir Zwangsenteigneten nach Bhubaneswar, um einen Hungerstreik abzuhalten – mit dem Resultat, dass ein Landesminister nach Rourkela kam, um sich über die Angelegenheit zu informieren. Wenn ich es richtig verstanden habe, hat HSL** öffentliches Land erworben, um zur Entwicklung der indischen Nation beizutragen. Das stimmt nicht. Die Regierung hat vorsätzlich mehr Land als nötig von uns eingefordert,

---

* Das größte und beste Krankenhaus in Rourkela, das vom Stahlwerksunternehmen getragen wird.

** „Hindustan Steel Ltd.", die damalige Dachgesellschaft der staatlichen Stahlwerke, später umbenannt in „Steel Authority of India Ltd." (SAIL).

Im Wortlaut

X.

um es für ihre eigenen Zwecke zu verwenden. Es war von Anfang an der Hintergedanke der Planer gewesen, mehr Land zu beschlagnahmen als man für das Stahlwerk brauchen würde. Nach unserem Protest gab HSL das zu viel erworbene Land an die Regierung von Orissa zurück. Dieses Überschussland hätte aber laut Vereinbarung an die ursprünglichen Besitzer rückübertragen werden müssen. Die Regierung von Orissa hingegen benutzt das Überschussland nun für ihre eigenen Zwecke. So verkauft die Regierung von Orissa das Überschussland zu sehr hohen Preisen an Auswärtige anstatt es den ursprünglichen Eigentümern zurückzugeben. Die Regierung macht sehr gute Geschäfte mit unserem Land. Das Überschussland ist unser Land. Welches Recht hat die Regierung, es an Auswärtige zu verkaufen, die nicht zwangsenteignet wurden? Die Regierung hat uns das Land im Namen von Hindustan Steel Limited weggenommen – und zwar, ohne den zwangsenteigneten Familien eine angemessene Entschädigung zu bezahlen. Die Regierung hat nicht das Recht, über das Überschussland zu bestimmen; die Verkäufe sind illegal. Trotzdem gehen diese Geschäfte ohne Unterlass weiter. Die Regierung verkauft das Überschussland an Auswärtige und kümmert sich nicht um die Zwangsenteigneten; das ist nicht fair. Jetzt lassen sich die Auswärtigen auf unserem Land nieder; das geht immer weiter so – völlig unkontrolliert. Sie sind nicht die Zwangsenteigneten. Die wahren Zwangsenteigneten sind von ihrem eigenen Land verjagt worden. Und jetzt gibt es auf dem Gelände des Stahlwerks und um das Werk herum keinen Platz mehr für die Zwangsenteigneten. Vor der Vertreibung hatten die Menschen ihr eigenes Land, ihre eigene Kultur und ihr soziales Umfeld. Sie lebten hier friedlich miteinander und in Harmonie, ohne jede Störung. Alles war sehr friedlich. Nachdem das Stahlwerk fertiggestellt war, gab man uns gerade einmal 400 Rupien. Mit dem Geld sollten wir uns neue Häuser bauen. Die Summe war jedoch völlig unzureichend; also verlangten wir mehr.

Außer dem Stahlwerk gab es auch noch das Mandira-Staudamm-Projekt. Die Zwangsumgesiedelten von dort kämpfen mit

Im Wortlaut

X.

den gleichen Auswirkungen der Vertreibung wie wir. Auch sie verlangen die Rückgabe von überschüssigem Land, aber die Regierung von Orissa ist gar nicht daran interessiert, das Land an die rechtmäßigen Eigentümer zurückzugeben, denn sie verkaufen genau dieses Land jetzt an Auswärtige für mehr als 100.000 Rupien pro *decimal* [etwa 40,47 Quadratmeter]. Die Regierung hat die berechtigten Forderungen der Zwangsenteigneten bis heute nicht erfüllt. Wie sollen die kommenden Generationen der zwangsumgesiedelten Familien überleben? Es gibt auf dem Gelände des Stahlwerks und um das Werk herum keinen Platz mehr für die Zwangsenteigneten, denn die Regierung hat das Land inzwischen an Auswärtige vergeben. Jetzt leben diese Fremden auf diesem Überschussland, das eigentlich uns gehört. Diese Leute sind keine Zwangsenteigneten; es sind Auswärtige – und die Zwangsenteigneten gehen leer aus. [...]

Die Deutschen, die hier arbeiteten, halfen unseren Leuten, Jobs im Stahlwerk zu bekommen. Wir hatten immer freundlichen Umgang mit den deutschen Ingenieuren, und die Deutschen waren sehr friedvolle Menschen. Es gab nie Ärger.*

Die Vertriebenen wurden nur unzureichend mit Jobs versorgt, und die Bezahlung war unbefriedigend. Als das Werk gebaut wurde, erhielten Hilfsarbeiter von außerhalb 1,75 Rupien, während man den Zwangsenteigneten unter den Arbeitskräften nur 0,75 Rupien zahlte. Diese Ungleichheit der Bezahlung erzeugte Unmut, und es kam zu Streit unter den Arbeitern. [...] Das war ein ständiger Anlass für Streit und Unzufriedenheit. Aber die deutschen Ingenieure, die mit den Einheimischen zusammenarbeiteten, wiesen auch darauf hin und halfen, die Missstände zu beheben, und die Sache konnte schnell geregelt werden. [...] Ich redete mit dem Anführer der Stahlwerksarbeiter, Duleswar Bastia, um eine Lösung für die Probleme der Zwangsenteigneten zu suchen, die weniger verdienten. Sie sollten doch auch

---

* Aus deutschen Quellen ist bekannt, dass es durchaus extremes Fehlverhalten deutscher Arbeitskräfte in Rourkela gab. Vgl. Sperling, J.B., Die Rourkela-Deutschen, Stuttgart 1965.

X.

den gleichen Lohn erhalten wie die Auswärtigen. Erst kam er zu mir; später trafen wir uns auch bei Bastia zu Hause. Gemeinsam versuchten wir, die Arbeitsbedingungen der einheimischen Zwangsenteigneten zu verbessern. Ein weiterer Arbeiterführer war Jagadish Nag; er ist vor kurzem gestorben. Weil wir uns um die Arbeitsfragen und um die Protestbewegung der Zwangsenteigneten kümmerten, wurden wir alle beide verhaftet.

Das war eine schlimme Sache, die da in Hamirpur* passierte. Ohne vorherige Warnung wurden unsere Häuser in der Nähe der Missionsstation niedergerissen. Diese Gegend war auch als „Lalpur Village" bekannt. Die Bewohner waren Ladenbesitzer, und ihre Häuser und ihr Besitz wurden ohne Ankündigung zerstört. Ich habe ihnen gesagt: „Ihr müsst darauf bestehen, dass sie eure Häuser und Geschäfte nicht abreißen dürfen, ohne euch Ersatz für das Land zu geben. Ihr müsst Entschädigung verlangen." Die Behörden ignorierten die Einwände. Stattdessen erschienen Polizisten, um die Leute zu verhaften. Ich war zu diesem Zeitpunkt nicht mehr inhaftiert. Etwa in diesem Zeitraum erfuhr ich, dass man bereits mit dem Bau des „Ispat General Hospital" begonnen hatte. Ich verlangte daraufhin Ersatz für mein Land, aber der zuständige Beamte antwortete, dass man mir kein Ersatzgrundstück geben werde. Bastia war ebenfalls anwesend. Die Polizei kam und zerstörte mein Haus. Dann verhafteten sie mich als ersten. Ich sagte ihnen, sie sollten mich nicht festnehmen, denn ich wolle meine Leute nicht im Stich lassen: „Tausende von Zwangsenteigneten werden protestieren, wenn Sie mich verhaften. Es könnte Blut fließen, und Sie wären dann nicht mehr in der Lage, die Menschenmenge unter Kontrolle zu halten." Trotzdem nahmen sie mich fest. Die Frauen unserer Zwangsenteigneten-Bewegung blockierten den Weg zur Polizeistation und wollten verhindern, dass ich dorthin gebracht werde. Um die Menschenmenge aufzulösen, besonders um die Frauen auseinanderzutreiben, begannen die Polizisten, mit ihren Stöcken anzugreifen und auch gnadenlos auf die Frauen

---

* Heute ein Stadtteil von Rourkela.

Im Wortlaut

X.

einzuschlagen. Eine Frau erlitt dabei eine Kopfverletzung; sie blutete stark und fiel zu Boden. Tausende Adivasis reagierten nun wütend und warfen mit Steinen nach den Beamten. Sie fingen auch an, die Polizisten mit deren eigenen Stöcken zu verprügeln. Als die Menge außer Kontrolle geraten war, wurde Tränengas eingesetzt, aber auch das half nicht. Bastia und Jagadish Nag waren bei mir, und letztlich wurden auch sie verhaftet. Als ich sah, wie die Polizisten auf unsere Leute einprügelten, ergriff ich einen Beamten an der Hand und bat ihn, nicht weiter zu prügeln. Aber sie wussten in diesem Moment nicht mehr, was sie tun sollten, denn beide Seiten waren so sehr in Rage geraten und nicht mehr unter Kontrolle zu bringen. In dieser angespannten Lage wurden noch einmal 25 weitere Personen verhaftet und ins Gefängnis gebracht. Die beiden Arbeiterführer und ich wurden nicht festgenommen. Wir haben wegen des Vorgehens der Polizei eine Klage beim Gericht von Sambalpur eingereicht. Wegen der Zerstörung unsere Häuser und unseres Eigentums wandten wir uns später an das oberste Gericht des Bundesstaates Orissa. Wir wollten, dass das Gericht der Regierung eine Frist von 38 Stunden setzt, binnen derer unsere Häuser wiederhergestellt werden sollten. Eine solche Anweisung wurde aber nie gegeben, und der Fall wurde gegen uns entschieden. Alle, die inhaftiert worden waren, kamen wieder frei, und wir mussten die Entscheidung des obersten Distriktbeamten hinnehmen.

Sie haben nie eingesehen, dass sie einen Fehler gemacht hatten oder dass sie uns übel behandelt hatten. Sie sollten endlich wahrnehmen, dass sich Außenstehende illegal auf unserem Überschussland im Stadtteil „Civil Township" niedergelassen haben. Die Zwangsenteigneten wurden in weit entlegene Waldgebiete verschleppt. Sie zogen endlos herum und konnten nirgendwo ordentlich wiederangesiedelt werden.

Meine Forderungen sind: Das überschüssige Land, das vom Stahlwerksbetreiber SAIL nicht benötigt wird, soll den ursprünglichen Besitzern – den Zwangsenteigneten – zurückgegeben werden. Zweitens soll das vom Betreiber nicht genutzte Land

Im Wortlaut

X.

an die Zwangsenteigneten in den Umsiedlungsorten Jalda und Jhirpani vergeben werden, denen man jeweils nur ein Grundstück von fünf *decimal* [etwa 200 Quadratmeter] zum Bau ihrer Häuser zugestanden hat. Denn: Wo sollen ihre Kinder und die nachfolgenden Generationen leben? Außerdem sollen die Zwangsenteignete im „Ispat General Hospital" kostenlos behandelt werden. Die frühere Vereinbarung, nach der wenigstens die Eltern von Angestellten des Stahlwerks kostenlos behandelt werden, hat man jetzt aufgekündigt. Es ist uns ein großes Anliegen, dass alle Zwangsenteigneten im „Ispat General Hospital" kostenlos behandelt werden. Das ist eine unserer höchsten Prioritäten. An zweiter Stelle wollen wir erreichen, dass die tatsächlich Zwangsenteigneten einen Arbeitsplatz im Stahlwerk erhalten. Drittens soll man den Zwangsenteigneten ihr Überschussland aushändigen. Das ist alles, was ich sagen will. [...] Die Stahlwerksbetreiber sollen den Zwangsenteigneten Arbeit geben. Wenn zwangsumgesiedelte Mitarbeiter einen tödlichen Unfall während der Arbeitszeit erleiden, dann soll umgehend ein anderes Familienmitglied diesen Arbeitsplatz besetzen. Und auch wenn ein zwangsumgesiedelter Mitarbeiter in Rente geht, soll eines seiner Kinder eingestellt werden. Wie soll die betroffene Familie sonst überleben? Wenn die Kinder arbeitslos sind, was sollen sie tun? Und noch etwas: Wenn ein Patient in das „Ispat General Hospital" eingeliefert wird, muss der Betreffende eine hohe Rechnung bezahlen. Ein Zwangsenteigneter kann sich eine solche medizinische Behandlung nicht leisten. Das Krankenhaus ist nur für die Reichen gedacht und nicht für Zwangsenteignete. Alle Zwangsenteigneten sollten kostenlos behandelt werden.

Das überschüssige Land, das nicht benötigt wird, soll ihnen zurückgeben werden. In dieser Sache haben sich die Zwangsenteigneten an das Oberste Gericht von Orissa gewendet, aber ihre Klage wurde abgewiesen. Deshalb beschäftigt sich jetzt das oberste Gericht von Indien mit ihren Ansprüchen.

Man soll den Zwangsenteigneten Arbeit geben und das überschüssige Land zurückerstatten; sie sollen im „Ispat General

Im Wortlaut

X.

Hospital" kostenlos behandelt werden, und wenn sie in Rente gehen, sollen ihre Kinder eingestellt werden. Das sind unsere Hauptanliegen. Wenn die Kinder keine Arbeit bekommen, wohin sollen sie gehen? Wie sollen sie von dem kleinen Stückchen Land leben, das man ihnen gelassen hat? Man sollte ihnen mehr Land anderswo zuteilen, damit sie überleben können. Aber in Wirklichkeit hat man den Zwangsenteigneten niemals etwas gegeben. Das ist alles. [...]

Im Wortlaut

XI.

Herr Raphael Soreng,
aus der Umsiedlungskolonie Lachhada,
rund 80 Kilometer von Rourkela entfernt,
aufgenommen am 30. Januar 2009:

Man hat uns aufgefordert, nach Lachhada zu gehen. Man hat uns gesagt, dass man einen Staudamm bauen würde, und dass unser Land überflutet würde. Wir wurden nicht mit physischer Gewalt vertrieben. Aber wir hatten keine andere Wahl: Bleiben konnten wir nicht, denn die Regierung hatte schon alles geplant. Als es soweit war, schickte man Lastwagen, um uns abzuholen, und wir mussten unser Dorf verlassen. Während der Fahrt auf der Straße von Kalunga bekamen wir großen Hunger, weil wir nichts zu essen dabei hatten. In Gurundia legten die Lastwagen deshalb eine Pause ein. Danach ging es weiter nach Kondeidiha, wo wir übernachteten, und von dort brachte man uns durch dichten Wald bis nach Lachhada. Der Lastwagen setzte uns dort ab und fuhr zurück. Nachts hatten wir schreckliche Angst, denn es gab Tiger, Bären und andere wilde Tiere im Urwald.
Wir hatten kein Wasser zum Trinken. Es gab keinen Teich, keinen Brunnen, keinen Bach. Wir waren gezwungen, schmutziges Wasser aus Kondeidiha zu trinken. Wegen dieses Wassers erkrankten zahlreiche Leute an Durchfall, Cholera, Windpocken usw. Aufgrund dieser Erkrankungen starben Leute – einer nach dem anderen. Drei Jahre lang kümmerte sich die Regierung überhaupt nicht um uns. Wir bekamen nichts zu essen. Wir mussten unser Wasser aus mehr als drei oder vier Kilometer Entfernung herbeischaffen.
Drei Jahre lang mussten wir in jeder Hinsicht viel ertragen, die Regierung trug nicht das Geringste zu unserem Lebensunterhalt bei. Eine weitere Schwierigkeit bestand darin, dass die Hütten, in denen wir untergebracht waren, nur mit Grasdächern gedeckt waren. In der Regenzeit kam Wasser durch das Dach, und wir wurden vollkommen durchnässt. Wir mussten uns mit Regenschirmen, die wir aus Blättern angefertigt hatten, behelfen und darunter schlafen. Das hat viele von uns krank gemacht

Im Wortlaut

XI.

– viele, die ohnehin geschwächt waren und unter den Bedingungen schwer zu leiden hatten. Schließlich gab es viele Tote auch deshalb zu beklagen, weil es uns an Medikamenten fehlte. Erst nach drei Jahren wies uns die Regierung ein Stück Land zu: ein unfruchtbares, hügeliges und steiniges Gelände, das für Ackerbau nicht taugte. In dieser hügeligen Gegend leben wir heute noch. Bis heute hat die Regierung nichts für uns getan, und wir leiden sehr darunter.

Unsere Häuser haben wir in Eigenarbeit und ohne die Hilfe der Regierung aufgestellt. Es gab kein Straße, keinen Brunnen, keinen Teich, keine Gesundheitsstation, keine Schule oder sonstige Bildungsmöglichkeiten und so weiter. Und es gab auch keinen Marktplatz in der Nähe, so dass wir sehr weit zu Fuß gehen mussten, um uns mit allem Nötigen zu versorgen.

Heute geht es uns immer noch schlecht, weil wir kein Land haben, das wir bebauen könnten. Unsere Landstücke liegen auf Hügeln und sind unfruchtbar; darauf können wir nichts erzeugen. Die Landfläche, die wir jetzt besitzen, ist immer noch die gleiche wie früher. Es ist nichts dazugekommen. Aber unsere Familie wird immer größer, und so reicht es für uns nicht mehr zum Überleben. Das Land ist von Generation zu Generation immer mehr aufgeteilt worden, weshalb wir heute große Probleme haben, unsere Familien zu ernähren. Bevor wir zwangsumgesiedelt wurden, lebten wir recht zufrieden, aber nachdem wir hierher kamen, haben wir alles verloren. Unser soziales und kulturelles Leben ist zerstört. Als Entschädigung erhielten wir gerade einmal 5.000 Rupien.

Anfangs gab es hier keine Schule. Wir haben allein und ohne finanzielle Hilfe der Regierung eine Schule für unsere Kinder errichtet. Das nächste Problem war, einen Lehrer zu finden; irgendwie haben wir es schließlich doch geschafft. Wir haben Geld gesammelt und davon sein Gehalt bezahlt und haben so dafür gesorgt, dass unsere Kinder etwas lernen. Weil viele Familien arm waren, konnten sie ihre Kinder nicht zur Schule schicken. Bis heute hat sich daran nichts geändert: Wir leben immer noch unter der Armutsgrenze. Wir wissen nicht, ob sich unsere Le-

XI.

bensbedingungen je bessern werden. Die Regierung kümmert sich nicht um uns, und wir werden mit unseren Problemen allein gelassen.

SAIL* gibt sich mit uns überhaupt nicht ab und stellt auch niemanden von uns ein. Wir können nichts tun, wir führen ein düsteres Leben. Wenn wir bei den Betreibern des Stahlwerks nach einer Anstellung fragen, erhalten wir die Antwort: „Als Umgesiedelte habt ihr schon aufgrund der Enteignungsbestätigung einen Job bekommen. Mehr steht euch nicht zu."

Außerdem hat die Regierung keinen Beitrag zum Bau unserer Häuser geleistet. Wir haben die Arbeiten selbst in die Hand genommen. Zur Einebnen des Geländes haben wir auch kein Geld von der Regierung bekommen. Wir mussten unsere Felder selbst anlegen, ohne die Hilfe der Regierung. Für uns ist das sehr unebene Gelände ein großes Hindernis bei der Feldarbeit.

Wir haben uns also mit einer Menge Widrigkeiten auseinanderzusetzen und kämpfen täglich um unser Überleben. Bis heute müssen die meisten von uns hungern, weil wir unter so erbärmlichen Bedingungen leben. Einige von uns haben nicht jeden Tag etwas zu essen, sondern vielleicht nur an jedem zweiten Tag. Die meisten leben als Tagelöhner. An manchen Tagen bekommen wir keine Arbeit, und damit auch kein Essen. Wir haben hier keine Gesundheitsstation oder Krankenhaus. Wir haben auch immer noch keine bessere Schule. Weil es kaum Lehrer gibt, bekommen unsere Kinder keine vernünftige Ausbildung. Manchmal gehen die Kinder zur Schule, obwohl gar kein Lehrer da ist. Wir leben jetzt seit über 50 Jahren in diesem Dorf, aber die Regierung hat nie etwas für uns getan.

Wir wollen Arbeit und Land, von dem wir leben können. Die Regierung hatte uns „Land für Land" versprochen, und Jobs für jede zwangsenteignete Familie. Das fordern wir von der Regierung. Wir haben hier kein Krankenhaus – meiner Meinung nach ist das besonders dringlich für uns alle. Wir brauchen ei-

---

* „Steel Authority of India Ltd." (früher „Hindustan Steel Ltd."), die Dachgesellschaft der staatlichen Stahlwerke.

XI.

nen Teich, um uns zu waschen, wir brauchen auch einen Trinkwasserbrunnen oder etwas ähnliches. Auch wenn Deutschland uns kein Land geben kann, erwarten wir zumindest, dass man uns hilft, unsere Lebensbedingungen zu verbessern.

Im Wortlaut

XII.

**Herr Nityananda Naik
aus der Umsiedlungskolonie Bondamunda A,
rund acht Kilometer von Rourkela entfernt,
aufgenommen am 9. März 2009**

Mein Heimatdorf ist Alt-Rourkela.* Ich bin jetzt 74 Jahre alt. Ich war ungefähr 17, als das Stahlwerk gebaut wurde. Alles, woran ich mich noch erinnern kann, will ich Ihnen erzählen. Wir sind die Zwangsumgesiedelten des Rourkela-Projektes. Die Regierung hat uns hierher, nach „Bondamunda A", umgesiedelt. Wir besitzen hier nur ein kleines Privatgrundstück, auf dem wir leben.

Wir erhielten die erste Benachrichtigung im Jahr 1952, als sich das Stahlwerk in der Planungsphase befand. Darin hieß es, dass in unserer Gegend ein Stahlwerk entstehen würde und dass deshalb die Räumung von 32 Dörfern vorgesehen sei. Es folgte die Ankündigung, dass einige Landesminister von Orissa mit uns hier in Udithnagar, beim ehemaligen Arbeitsamt, zusammenkommen würden. Eine Versammlung für die 32 betroffenen Dörfer wurde einberufen. Ich war bei dieser Versammlung auch anwesend. Das Treffen fand zur vorgesehenen Zeit am vorgesehenen Ort statt. Der damalige Raja von Bolangir, Rajendra Narayan Singh Deo, der erste Ministerpräsident von Orissa und die Minister Pabitra Mohan Pradan, Naba Krishna Chowdhuri, Dr. Harekrushna Mahtab, Biju Patnaik, Nilamani Routray und andere kamen zu dieser Veranstaltung. Im Rahmen der Versammlung traten die Minister vor die Leute und erklärten, dass 32 Dörfer zu räumen seien, dass man an der Stelle das Rourkela-Stahlwerk bauen werde sowie einen Rangierbahnhof. Die 32 Dörfer werde man für das Projekt übernehmen, und uns werde man umsiedeln. Allen Familien werde man jedoch in jeder Generation Arbeitsplätze geben. „Ihr werdet keinerlei Probleme ha-

---

* Das nicht mehr bestehende Dorf an der Bahnlinie Kalkutta-Bombay, wo das Stahlwerk errichtet wurde und wo sich heute die Großstadt Rourkela befindet.

Im Wortlaut

XII.

ben. Ihr werdet in verschiedene Neusiedlungen umgesiedelt und mit elektrischem Strom versorgt; es wird eine gute, geteerte Straße geben, eine Polizeistation, ein Gesundheitszentrum, Schule, College usw. Ihr werdet überhaupt keine Schwierigkeiten haben, in den Siedlungen euren Lebensunterhalt zu bestreiten."
Auf derselben Versammlung wurde uns auch versichert, dass man uns „Land für Land" für den Ackerbau geben werde.
Aber bis heute haben wir kein derartiges Land erhalten. Wir wurden bereits vor 60 Jahren aus unserem Heimatdorf Alt-Rourkela vertrieben, und ebenso wie in den anderen zwangsumgesiedelten Dörfer haben auch wir nie „Land für Land" bekommen, um unsere Existenz zu sichern. Dann wurde eine weitere Versammlung auf einem freien Feld in der Nähe des heutigen „Ispat General Hospital"* abgehalten. Der Ort trägt jetzt den Namen „Nehru Maidan"; man hat ihn nach Pandit Jawaharlal Nehru benannt. Bei dieser Versammlung hat Pandit Nehru selbst öffentlich verkündet, dass man allen zwangsumgesiedelten Familien dauerhafte Arbeitsplätze geben werde, von Generation zu Generation. Kein Zwangsvertriebener müsse sich je Sorgen um sein Überleben machen. Solange das Rourkela-Stahlwerk existiere, werde man uns dauerhafte Arbeit geben, und niemand werde davon ausgeschlossen.
Aber im Gegensatz dazu sagen uns die heute zuständigen Beamten, dass wir keine Chance hätten, hier einen Job zu bekommen. Am Anfang erhielten wir 200 Rupien, 400 Rupien, 700 Rupien oder 900 Rupien – je nach Qualität des Bodens – als Entschädigung für unser Land; der Geldbetrag sollte den Ernteausfall für ein Jahr abdecken. Nachdem man uns diese Summe für unser Land gezahlt hat, gibt es jetzt also kaum noch Hoffnung, dass wir von der Regierung noch irgendetwas für die folgenden Generationen bekommen werden. Wir haben alles geopfert für den Fortschritt unserer Nation, aber nun sind wir zu Bettlern geworden.

---

* Das größte und beste Krankenhaus in Rourkela, das vom Stahlwerksunternehmen getragen wird.

Im Wortlaut

XII.

Jetzt führen die Beamten neue Regeln ein und sagen uns, dass wir von nun an keine Arbeitsplätze mehr erhalten. Aus der jüngeren Generation wird niemand mehr eingestellt. Zum Zeitpunkt, als man unser Land enteignete, war gar nicht vorgesehen, auch unsere Töchter einzustellen. Nur die Söhne sollten Arbeit bekommen. Selbst wenn in einem Landdokument zehn Brüder als Erben angegeben waren, sollte nach Maßgabe der Betreiber des Stahlwerks nur einer der Brüder auf der Basis dieses einen Landdokuments eingestellt werden. Die anderen neun Brüder hatten keine Chance mehr auf einen Job im Stahlwerk. Das ist die Situation, in der wir uns heute befinden.

Als wir erfuhren, dass die deutsche Regierung eine beträchtliche Summe für die Zwangsumgesiedelten bereitgestellt hatte, waren wir sehr erfreut. Es hieß, das Geld werde an die zwangsenteigneten Angestellten verteilt. Aber es ist irgendwohin verschwunden und von den zuständigen Beamten für andere Zwecke verwendet worden. Später haben wir erfahren, dass die Leitung des Stahlwerks mit dem deutschen Geld ein Wildgehege gebaut hat, statt es an die zwangsumgesiedelten Arbeiter auszuhändigen.* Sie haben das Geld nicht verwendet wie vorgesehen, sondern einfach für einen anderen Zweck ausgegeben, und wir haben nie etwas davon bekommen. Das ist die schmutzige Politik der Zugezogenen, die die Gelder aus Deutschland missbraucht haben. So haben wir unser Land verloren und dazu auch noch den großzügigen Betrag aus Deutschland.

Wenn wir unser Land nicht an das Stahlwerk abgetreten hätten, müssten wir und unsere zukünftigen Generationen nicht so sehr leiden und so sehr kämpfen. Ich besaß insgesamt 27 *acres* [knapp elf Hektar] fruchtbares Land, wofür ich nur 10.980 Rupien bekam. Man sagte mir, mein Vater habe den Erhalt des Geldes mit seinem Daumenabdruck bestätigt. Das sind die Verhältnisse, mit denen wir konfrontiert sind: Die Regierung hat uns unter die Armutsgrenze abgedrängt. Wie sollen wir jetzt wieder nach

---

* Dieses Gehege („Deer Park") wurde im Jahr 1989 vom Vorsitzenden der Stahlwerks-Behörde feierlich eröffnet.

Im Wortlaut

XII.

oben kommen? Wir haben keine andere Wahl, wenn wir überleben wollen. Sie haben unser Land, unsere Bäume und was wir sonst besaßen, zerstört. Aber trotzdem wirft die Regierung uns vor, dass wir den Wald kaputt machen. Wir sind machtlos. Obwohl wir immer wieder um Hilfe gebeten haben, rührt die Regierung keinen Finger für uns. Wir sind es leid, immer wieder um etwas zu bitten – es hört uns niemand zu.

Das Stahlwerk wurde in Kooperation mit der deutschen Regierung errichtet. Wenn also die deutsche Regierung sich mit unserem Problemen befassen würde und uns Hilfe und Unterstützung für ein besseres Leben zukommen ließe, wären wir wirklich sehr dankbar. Wir haben keine Schule, kein College, keine medizinische Versorgung und auch sonst keine Infrastruktur.

Es war da noch Land übrig. Da – auf unserem Land – hat man Auswärtige neu angesiedelt, in Siedlungen wie etwa Tilka Nagar. Unser Land in Barkani wurde ebenfalls von Auswärtigen in Beschlag genommen. Und uns hat man in dieser hügeligen Gegend abgeladen, wo wir hungern müssen.

Was soll ich Ihnen noch erzählen? Sie sind ja selbst über diese Straße angereist, die sich in einem wirklich erbärmlichen Zustand befindet, und ich habe Ihnen schon wirklich fast alles erzählt. Ich habe Ihnen meine bisherige Geschichte und meine Erlebnisse mitgeteilt. Bis heute hat man uns nichts gegeben. Wir sind im Elend zurückgeblieben.

Vor unserer Zwangsumsiedlung, als wir noch genug Land besaßen, lebten wir glücklich und frei. Wir hatten keine Schwierigkeiten, unseren Lebensunterhalt zu bestreiten. Wir lebten miteinander und waren eine Gemeinschaft. Heute haben wir gar nichts – kein Land, keine Arbeit und noch nicht einmal ein Minimum an Infrastruktur. Unsere traditionelle Lebensweise wurde vollständig zerstört. In dem Moment, als das Stahlwerk unser Land übernahm und der Rangierbahnhof gebaut wurde, fällte man sofort alle Bäume. Unser Wald wurde vernichtet – und damit gleichzeitig auch unser Land und unsere Sarna-Naturreligion.

Im Wortlaut

XII.

Wir sind es leid, die Regierung und die Stahlwerksleitung zu bitten. Sie hören nicht auf uns; sie hören auf niemanden. Wir verlangen, dass man das überschüssige Land an uns zurückgibt, denn die Regierung siedelt darauf nun Auswärtige an - in Tilka Nagar, in der Basanti-Siedlung, in Koel Nagar und so weiter. Wir sehen, was gerade in Katajhar vor sich geht,* und wir sind dadurch zu Landlosen geworden.

Unsere politischen Vertreter und lokalen Führer taugen nichts. Sie machen uns nur etwas vor statt unseren Leuten zu helfen. Die Regierung pflanzt jetzt Bäume vom Bahnübergang bei Rukhda bis nach Barkhani, doch nur zu ihrem eigenen Nutzen. Die früheren Besitzer bewirtschafteten dieses Land und lebten glücklich darauf, aber heute wird ihnen dieses, ihr eigenes Land vorenthalten. Deshalb verlangen wir die Rückgabe des überschüssigen Landes, das eigentlich uns gehört, denn es war Teil der Vereinbarung und es war versprochen, dass wir unser Land zurückbekommen, wenn es nicht benötigt wird. Die Regierung geht nie auf unsere Forderungen ein.

Falls die indische Regierung sich bereitfände, etwas zu unseren Gunsten zu unternehmen, oder falls auch die deutsche Regierung den Willen hätte, sich in irgendeiner Weise für unser Wohlergehen einzusetzen, würden wir das natürlich sehr begrüßen. Es würde uns sehr glücklich machen, wenn die Regierungen, uns generell ihre Hilfe und Unterstützung zukommen ließen, damit es uns in Zukunft besser geht.

Wir haben keine Hoffnung mehr, dass man uns unser überschüssiges Land zurückgeben wird, denn die Regierung schweigt seit 60 Jahren zu diesem Thema. Sie geben uns das überschüssige Land nicht zurück, das ist ein Komplott der Leute von außerhalb. Wir sind ihnen gleichgültig. Jetzt behaupten sie, dass Rourkela ihre Heimat sei.

Unsere Neusiedlung in Bondamunda gehörte eigentlich zum Wahlbezirk Raghunath Pali, aber sie haben uns dem Wahlbezirk von Birmitrapur zugeschlagen, das weit entfernt ist. Wenn

---

* Auswärtige errichten dort Industrieanlagen auf Adivasi-Land.

Im Wortlaut

XII.

Behördengänge zu erledigen sind, müssen wir fast 200 Rupien ausgeben, um nach Birmitrapur zu kommen. Wie Herr Mahato bereits während der Versammlung hier berichtet hat, ist es nur ein Katzensprung von der Bondamunda-Siedlung zur eigentlichen Ortschaft Bondamunda. Aber da es keine ordentliche Straße gibt, müssen wir einen langen Umweg in Kauf nehmen. Viele Politiker und lokale Führer haben uns in dieser Angelegenheit Abhilfe versprochen, aber keiner von ihnen hat sich wirklich engagiert. Sie haben sich auch nie für die Bondamunda-Siedlung interessiert.

Da sehen Sie unseren Teich, er ist sehr verschmutzt, und wir waschen uns darin und auch unsere Tiere. Es ist so dreckig, nicht einmal ein Esel würde da hineingehen. Aber wir sind gezwungen, uns in solch einem schmutzigen Teich zu waschen. In der heißen Jahreszeit trocknet er ganz aus, und wir haben dann überhaupt keine Gelegenheit mehr, uns zu waschen. Wir brauchen hier einen ordentlichen Teich.

Schlusswort

Die Gesetzeslage, die gemachten Versprechungen und der inzwischen Jahrzehnte lang andauernde Leidensprozess der Betroffenen geben ihren Forderungen an die indische ebenso wie an die deutsche Seite eine faktisch-legale und auch eine moralische Berechtigung. Von indischen Gerichten wird dies gelegentlich gewürdigt,[29] es mündet aber bisher nicht in entsprechende Entscheidungen zu Gunsten der Betroffenen.

Die gegenwärtige Politik in Indien weist ebenfalls in eine andere Richtung: Es sind Planungen bekannt geworden, wonach der Status des Sundargarh-Distriktes im Bundesstaat Orissa als „registriertes Stammesgebiet" (nach dem sogenannten „Fifth Schedule" der indischen Verfassung) aufgehoben werden soll, wenn die Volkszählung 2011 einen Bevölkerungsanteil der „Scheduled Tribes" unter 50 Prozent ergibt. Damit würde – zusätzlich zu allem bisher geschehenen Unrecht – eine Vielzahl von Schutzrechten für die indigene Stammesbevölkerung, die Adivasi, in diesem Gebiet ihre Gültigkeit verlieren.[30] Demgegenüber bleibt allerdings mit Nachdruck festzuhalten, dass Grundrechte und Menschenrechte nicht erst per Gesetzesakt verliehen oder entzogen werden können: Sie sind Rechte mit ursprünglicher und nicht verhandelbarer Geltung.

Das ist auch in der Frage einer deutschen Mitverantwortung für die Entwicklungen in Rourkela hervorzuheben. Das Projekt Rourkela ist ein exemplarischer Fall, aus dessen Betrachtung Konsequenzen für die Umsetzung anderer industrieller Großprojekte und den Umgang mit davon betroffenen indigenen Gemeinschaften in Indien und überall auf der Welt gezogen werden müssen. Eine umfassende Neubewertung dieses bilateralen Gemeinschaftsprojekts auch von deutscher Seite ist deshalb notwendig unter dem Aspekt der Mitverantwortung für die wirtschaftlichen, sozialen und kulturellen Auswirkungen.

Seit ihrer Gründung beschäftigt sich die Adivasi-Koordination in Deutschland e.V. (AKD) mit dem Thema Rourkela, und seit dem Jahr 2005 haben Mitarbeiter und Mitarbeiterinnen der AKD regelmäßig die

---

[29] Zum Beispiel in der Entscheidung des Obersten Gerichtshofs Indiens 1995, abgedruckt in: Rourkela und die Folgen. Heidelberg 2007, S. 126ff.
[30] Mündliche Information durch Pfarrer Celestine Xaxa, Rourkela.

Schlusswort

Stadt Rourkela und nahezu alle – selbst die sehr entlegenen – Umsiedlungsorte besucht. Im Jahr 2006 fand in Königswinter am Rhein die erste Konferenz zum Thema statt – mit Betroffenen und Aktivisten aus Indien, deutschen Beteiligten der Aufbauzeit und Mitarbeitern der noch heute zuständigen deutschen Stellen. Die Ergebnisse dieser historischen Konferenz sind in Indien und in Deutschland veröffentlicht. Zu Beginn des Jahres 2009 hielten sich die Autoren dieser Studie über mehrere Monate in Rourkela und einer Reihe von Umsiedlungsorten auf, um die Befragungen durchzuführen, deren Ergebnisse in der vorliegenden Veröffentlichung präsentiert werden. Im Oktober 2009 fand in Berlin erneute eine Konferenz statt, der – wie bei der ersten Konferenz – Lobbybesuche der Gäste aus Indien bei offiziellen deutschen Institutionen folgten. Zuletzt organisierten die Betroffenen und ihre Unterstützer im März 2010 in Rourkela selbst ein große Tagung, auf der auch die Ergebnisse der vorliegenden Studie vorgestellt wurden.[31]

Durch all diese Aktivitäten wurden inzwischen auch die indischen Stellen ein wenig auf die Problematik aufmerksam und haben vereinzelte Maßnahmen in die Wege geleitet, jedoch ohne sich bewusst und öffentlich der Verantwortung zu stellen und vor allem ohne die Betroffenen und ihre Selbstorganisationen einzubeziehen. Die bis heute zuständigen deutschen Institutionen (die staatliche Entwicklungsbank KfW und das Bundesministerium für wirtschaftliche Zusammenarbeit und Entwicklung, BMZ) haben sich mit Ausnahme ihrer sehr kurz gehaltenen Teilnahme an der Konferenz in Königswinter 2006 bisher jedem weitergehenden konstruktiven Gespräch verweigert. Dies gilt auch für die Privatunternehmen wie etwa die „Alfried Krupp von Bohlen und Halbach-Stiftung", welche das Erbe der Firma Krupp verwaltet.[32]

Zur Tagung in Rourkela im März 2010 waren die deutsche Botschaft und der Vertreter der KfW in Delhi eingeladen. Beide lehnten die Teilnahme ab. Die Adivasi-Koordination erklärte jedoch in ihrer Solidari-

---

[31] Vgl. 50 Years and More - Struggle for Justice at Rourkela. Bhubaneswar 2011.
[32] Krupp war das federführende bundesdeutsche Unternehmen beim „Projekt Rourkela" (siehe auch Tabelle 6 in: Rourkela und die Folgen. Heidelberg 2007). Die Adivasi-Koordination hatte 2006 wegen eines Zugangs zum Archiv der Stiftung und der Teilnahme eines Stiftungsvertreters bei der Tagung angefragt. Beides wurde verneint. Auf nochmalige Anfrage 2009 beim Stiftungsvorsitzenden, Herrn Berthold Beitz, erhielten wir von diesem ein persönliches Absageschreiben.

Schlusswort

tätsbotschaft bei der Konferenz im März 2010 in Rourkela, dass das „Projekt Rourkela" erst dann abgeschlossen sein wird, wenn die Zwangsumgesiedelten selbst sagen, dass ihre Rechte anerkannt sind, dass ihre Forderungen und Ansprüche berücksichtigt sind und wenn die entsprechende Wiedergutmachung geleistet worden ist. Bis dahin werden weitere Bemühungen notwendig sein:
- der Überzeugungsarbeit gegenüber den indischen ebenso wie gegenüber den deutschen Stellen,
- der moralischen und politischen Unterstützung der Betroffenen und ihrer Organisationen

und so weit von deutscher Seite aus überhaupt möglich:
- der direkten Unterstützung der notleidenden Betroffenen in den Umsiedlungsgebieten.

Die Adivasi-Koordination selbst wird diesen Prozess durch weitere Recherchen, Veröffentlichungen und Stellungnahmen in Deutschland **und** in Indien unterstützen.

Neben der Dokumentation ihrer leidvollen Erfahrungen weisen die Aussagen der Zwangsumgesiedelten auch auf die Fragestellungen für weiteres Recherchieren und Aufarbeiten in dieser traurigen Angelegenheit hin:
- die Enteignungsvorgänge und Entschädigungsmaßnahmen bis hin zur rechtsgültigen Landzuweisung;
- die Praxis der Arbeitsplatzvergabe;
- die Infrastruktur und die Lebensbedingungen in den Umsiedlungskolonien;
- die Verwendung von Finanzmitteln im Rahmen des Umlandentwicklungsprogramms.

Einer der Gesprächspartner im Umsiedlungsort Lachhada, Luftlinie etwa 80 Kilometer von Rourkela entfernt (oben), und der etwa hundertjährige Joachim Sahoo in Rourkela (unten, vgl. Im Wortlaut X).
(Fotos: M.Claus/S.Hartig, 2009)

Der Umsiedlungsort Gahami (in den Hügeln jenseits des Flusses), Luftlinie etwa 40 Kilometer südlich von Rourkela, ist nur sehr schwierig zu erreichen: entweder nach Überquerung des Brahmani-Flusses und einstündigem Fußmarsch durch Wald – oder von der Straße nach Gurundia aus mit mehrstündigem Fußmarsch ebenfalls durch dichten Wald. Unterwegs sind zugewiesene Landstücke zu sehen: voller Steine und zum größten Teil völlig untauglich für die Landwirtschaft (unten).

(Fotos: J.Laping, 2008)

Der Umsiedlungsort Ulandajharan, Luftlinie etwa 50 Kilometer westlich von Rourkela, war bei der ersten Recherchereise 2005 nur dem Namen nach bekannt und konnte erst 2008 lokalisiert und besucht werden. Es ist ein sehr kleiner und extrem abgelegener Ort mitten im Urwald. Frische Spuren auf dem Weg nach U. und Schäden an Gebäuden im Ort belegen die Gefahr durch wilde Elefanten. Die Menschen haben außerhalb des Orts Wachplattformen hoch in den Bäumen errichtet, um wenigstens ihre Ernte zu schützen.

(Fotos: J.Laping, 2008)

Die Orte Ranto und Tainsar – etwa 15 Kilometer südlich von Rourkela an der Straße nach Gurundia – tauchten in offiziellen Listen von Umsiedlungsorten auf. Eine Befragung vor Ort im Jahr 2008 ergab jedoch, dass dort niemals tatsächlich Enteignete von Rourkela oder dem Gebiet des Mandira-Stausees angesiedelt wurden. Inzwischen haben sich dort Hüttenwerke zur Herstellung von Schwammeisen breit gemacht.

(Fotos: J.Laping, 2008)

Schwammeisen (engl. „sponge iron") ist im Vergleich zum normalen Roheisen (engl. „pig iron") ein hochwertigeres Vorprodukt zur Stahlerzeugung. Die Herstellung allerdings belastet die Umwelt enorm. In den letzten Jahren ist ein – zum Teil illegaler – Wildwuchs von „sponge iron factories" – vor allem auch in entlegenen Gebieten – zu verzeichnen.
(Fotos: J.Laping, 2008 – oben; M.Claus/S.Hartig, 2009 – unten)

Der Umsiedlungsort Bankibahal, etwa 15 Kilometer westlich von Rourkela, wurde erst vor wenigen Jahren als Musterdorf im Rahmen des Periphery Development Programme (vgl. oben, S. 25) „adoptiert". Laut Aussagen von Bewohnern und Aktivisten ist das alles nur Augenwischerei: Es wurde eine Stromleitung gebaut, aber es fließt kein Strom, weil die Menschen ihn nicht bezahlen können.

(Fotos: M.Claus/S.Hartig, 2009)

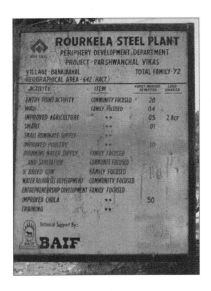

Die Lebensverhältnisse in den meisten Umsiedlungsorten sind immer noch erbärmlich, Beispiel Jhandapahar, Luftlinie etwa 40 Kilometer westlich von Rourkela, (oben). Die Gräber der unter dramatischen Umständen gestorbenen ersten Zwangsumgesiedelten von Lachhada sind stumme Mahnmale des „Projekts Rourkela" (unten).

(Fotos: M.Claus/S.Hartig, 2009)

Im Kontrast zu den vorigen Seiten: luxuriöse öffentliche Freizeitanlagen in der Stadt Rourkela – vermutlich finanziert aus dem Umlandentwicklungsprogramm – und aller Orten das klangvolle Selbstlob des Unternehmens Rourkela Steel Plant.

(Fotos: M.Claus/S.Hartig, 2009)

2007 erschien das erste Buch zum Thema „Roukela",
herausgegeben von der Adivasi-Koordination in Deutschland e.V.,
ebenfalls im Draupadi Verlag Heidelberg.

ISBN 978-3-937603-22-3
200 Seiten mit 12 Abbildungen / 28,00 SFr. / 17,00 EUR

Ein Verlag für Indien. Draupadi Verlag

Das Verlagsprogramm hat **zwei Schwerpunkte.**

Zum einen veröffentlichen wir **Romane, Erzählungen und Gedichte** aus Indien und anderen südasiatischen Ländern in deutscher Übersetzung.

Zum anderen verlegen wir **Sachbücher über Indien.** Das Themenspektrum ist breit gefächert. Bücher zur aktuellen politischen Situation und Geschichte Indiens stehen neben Veröffentlichungen über Kultur, Kunst und Religion. Der Draupadi Verlag wurde 2003 von Christian Weiß in Heidelberg gegründet.

Draupadi
Der Name des Verlags nimmt Bezug auf die Heldin des altindischen Epos „Mahabharata". In Indien ist Draupadi als eine Frau bekannt, die sich gegen Ungerechtigkeit und Willkür wehrt. In diesem Sinne greift etwa die indische Schriftstellerin Mahasweta Devi in der 1978 erstmals erschienenen Erzählung „Draupadi" das Thema auf. Draupadi wird hier eine junge Frau genannt, die für eine Gesellschaft kämpft, in der niemand mehr unterdrückt wird.

Alle Titel sind in jeder guten Buchhandlung erhältlich oder **direkt beim**

Draupadi Verlag
Dossenheimer Landstr. 103
69121 Heidelberg

Telefon 06221 / 412 990   info@draupadi-verlag.de
Telefax 0322 2372 2343   **www.draupadi-verlag.de**

Fordern Sie unseren Verlagsprospekt an!